Des Aloès
aux Pyrénées

Typographie SILVESTRE et Cⁱᵉ, rue Oberkampf, 97.

Mon cher France

Je déjeune au Café de
Madrid avec de bons
compagnons. — Venez m'y
retrouver si vous n'avez
rien de mieux à faire.
Sinon laissez-moi ici un
mot pour me dire où vous
serez. Je repasserai vers les
1h 1/2. — J'ai en poche,

pour vous, le fameux volume enfin éclos et pas trop indigne je crois de la lumineuse préface.

N.B. Le café de Madrid est situé à deux pas, Boulevard Montmartre, à côté du passage Jouffroy.

Vôtre
Paul Arène

1891

Exemplaire n° 29

DES ALPES AUX PYRÉNÉES

PAUL ARÈNE & ALBERT TOURNIER

DES ALPES
AUX PYRÉNÉES

ÉTAPES FÉLIBRÉENNES

PARIS
Marpon et Flammarion. E. FLAMMARION, Éditeur
Rue Racine, 26

PRÉFACE

Paul Arène et Albert Tournier ont voulu qu'un livre fût le monument de ces fêtes gas‑ connes et pyrénéennes de l'an 1890, auxquelles ils eurent tous deux tant de part, et qu'un texte durable témoignât des choses qui ont été faites et dites dans ces jeux pour la patrie et pour les Muses. C'est pourquoi ils ont publié le recueil que voici. Ils en recevront des louanges; mais on ne comprendra point d'abord qu'ils m'en aient demandé la préface, à moi qui, n'étant ni Ciga‑

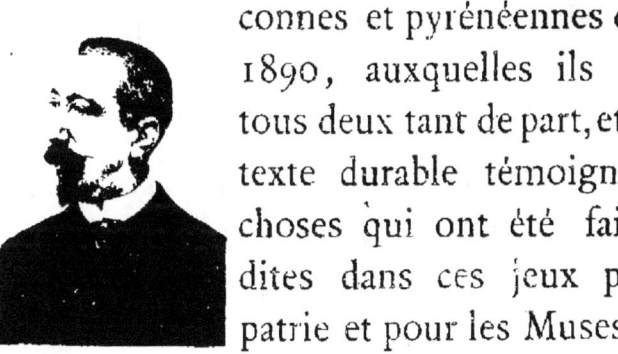

lier ni Félibre, ne fus que le témoin charmé de ces belles fêtes.

Ma naissance même semblait m'interdire les honneurs qu'on m'offrait : je suis né dans Paris de parents angevins et beaucerons. Mais, si l'on y songe, on se persuadera que si Paul Arène et Albert Tournier m'ont désigné, c'est surtout en considération de cette origine étrangère. Ils ont voulu qu'un barbare, qui fut leur hôte, portât témoignage en leur faveur. Je le ferai de bon cœur, et pour l'amour des Félibres et des Cigaliers qui vont de ville en ville honorant les poètes.

J'ai gardé de notre course en fête un souvenir délicieux. Le moment que je voudrais fixer en quelques traits c'est celui de notre première réunion au début du voyage, c'est l'heure cordiale où se formèrent les sympathies. Nous étions à Agen. La ville s'était réveillée ce jour-là au bruit des salves qui faisaient gronder l'écho de la colline au pied de laquelle elle est couchée avec sa tour romaine, ses rues en arcades et son fleuve aux grandes eaux argentées. Cette colline de calcaire doré, nue, taillée droite et couverte de verdure sombre, a la fierté d'un paysage historique. La ville n'est pas riche en monuments des anciens jours, mais les agenaises, sous le foulard éclatant qui couronne leur noire chevelure, sont belles d'une beauté latine et classique.

Je ne parlerai ni de l'inauguration du buste de Cortète de Prade, ni de notre pélerinage à la maisonnette du poète Jasmin, ni de ce banquet où ne manquèrent ni les saumons de la Garonne, ni les vins que nous avons bus aux poètes et à la patrie. Ces choses ne manqueront pas d'historiographes. Je rappellerai seulement les causeries, qu'après la fête, nous prolongeâmes bien avant dans la nuit. C'était une nuit chaude et caressante, aux ombres légères. Nous étions rassemblés autour des tables d'un café, sous de petits lauriers. Le plus aimable des hôtes, M. Jean-François Bladé, qui nous avait si bien reçus à la gare, nous tenait compagnie. Sa face glabre de vieux romain s'animait quand il contait, à notre demande, un de ces anciens contes de l'Agenais, dont il a fait des recueils, ou quand il disait d'une voix mordante quelque anecdote sur *Moussu Jansemin*, ou bien encore quand il commentait avec une imagination vive et savante l'inscription funéraire de Donnia Italia qu'il avait lue dans son enfance à Lectoure : *Non sum, non curo*. Visiblement il aimait Donnia, morte à vingt ans, au temps des Césars. Mais il la plaignait d'être morte sans espérance. Car il est spiritualiste et chrétien, un peu plus qu'Ausone, mais un peu moins que saint Paulin, tous deux ses compatriotes, et qu'il rappelle par l'élégance du style, par l'abondance de la doctrine, par l'aménité des mœurs.

Et tandis qu'il parlait, Noulens, son collaborateur à la *Revue d'Aquitaine*, nous disait à l'oreille : « Il est exquis ». Maurice Faure était là, tout vibrant encore du toast qu'il avait porté aux femmes de Gascogne et de Provence ; et il se répandait naturellement en éloquence et en poésie, étonnant les agenais par l'habileté spontanée avec laquelle il parlait leurs dialectes populaires. L'incomparable président du félibrige, Sextius Michel, mêlait à la conversation les traits de sa bonhomie fine et de sa gaieté attendrie. Pierre Laffitte, distrait parmi nous de ses spéculations profondes, montrait la joie d'un sage. Et tous, Félibres et Cigaliers, témoignaient en quelque manière de leur gai savoir : Elie Fourès, dont on venait d'applaudir les strophes lyriques, Georges Niel, Léon Barracand, le sculpteur Amy, Ratier, Jacques Gardet, Etienne Guary, Emmanuel Ratoin, Magen, Xavier de Lassalle, Charles Maurras.

Charles Maurras, dont le visage fiévreux et doux ressemblait plus que jamais, cette nuit là, à un bronze florentin, tournait tour à tour sur les interlocuteurs son œil agile qui voit et entend tout. Sans doute il lui souvint tout à coup de sa chère ville de Martigues, car il nous confia qu'il ne retrouvait pas dans la Gascogne, pourtant si aimable, l'âme hellène de la Provence.

— La Gascogne est romaine, ajouta-t-il. Un de ses fils a véridiquement comparé le cœur de sa vieille patrie au cœur grave et pensif d'un bœuf du Latium.

Tout à coup une voix chaude et profonde chanta :

De céu blu n'a plen si bârri
Dré dins li gourg dou Gardoun,
Lou porto-aigo soulitâri,
Lou viéi pont à l'abandoun.

Celui qui chantait ainsi n'est pas né pourtant près des gouffres du Gardon. Le soleil qui chauffe les monts de l'Ariège a doré son front large et découvert. Albert Tournier, le promoteur des fêtes cigalières, est né à Pamiers. Le félibrige doit beaucoup à cet enfant d'adoption. Albert Tournier est un organisateur admirable. Si son activité facile prend volontiers des airs de paresse et de nonchalance, c'est coquetterie pure. Il a la main à tout. Il est de ces natures riches qui se dépensent sans cesse. Il faut qu'il agisse. Il n'avait pas dix-huit ans quand il s'est jeté ardemment dans la politique.

Gambetta vivait encore. A vingt ans, Tournier devint l'ami du grand orateur. Il a gardé de ces temps héroïques de la démocratie l'enthousiasme, l'ardeur, un goût vif de la lutte. Il semble que, par une instinctive loyauté, il offre toujours la poitrine à l'adversaire. Et cet homme terrible est un homme excellent. Il y a beaucoup de finesse et de sens dans tous ses emportements, et il est impétueux avec adresse.

Une des plus belles médailles florentines du xve siècle, nous montre l'éléphant guerrier d'Isotta. C'était un noble animal. Ses pieds qui, sur le champ de bataille, écrasaient les chevaux et les cavaliers passent dans un jardin sans froisser les roses. Je ne sais pourquoi Isotta de Rimini le fit mettre sur le revers de ses médailles, mais je ne puis m'empêcher de le donner pour emblème à Albert Tournier, démocrate impétueux et fin lettré, très sensible à toutes les belles et bonnes choses. Donc il chantait. Et les Félibres se mirent tous à chanter parce que la nuit était belle. Ils ont chanté *Magali*, la *romance de Pierre d'Aragon* et bien d'autres chansons de Provence. Puis ils ont dit en chœur le *Midi rouge*, et l'un de nos amis m'a conté, au sujet de cette chanson patriotique, une anecdote que je veux vous dire.

On sait que Paul Arène fut, en 1870, capitaine de francs-tireurs, et qu'il mena cent Provençaux à la guerre. Il avait composé, paroles et musique, une belle chanson martiale que ses hommes chantaient en marchant.

Il n'est que juste d'ajouter qu'ils se conduisirent au feu comme de braves gens qu'ils étaient. Aussi bien leur capitaine était-il un vaillant petit homme, point maladroit ni manchot, car il avait dans sa prime jeunesse, pour son plaisir, couru les taureaux en Camargue. On dit même, mais je n'en crois rien, que notre bon confrère Francisque Sarcey n'a jamais parlé de Paul Arène que comme torero. Quoi qu'il en soit, après la guerre, Paul Arène déposa le képi et le ceinturon. Vers 1875, se trouvant à Paris qu'il aime, parce que c'est une ville où il y a beaucoup d'arbres, il fut invité à une soirée chez une dame qui lui promit de lui faire entendre une chanson populaire, une chanson vraiment naturelle, celle-là, dont on n'avait jamais connu le père et qui avait été recueillie chez des bergers.

Paul Arène se rendit à l'invitation. On chanta : *Le Midi bouge,* — *Tout est rouge.* Et quand ce fut fini, tout le monde d'admirer et d'applaudir. Il n'y avait point à s'y tromper. C'était bien la poésie naturelle, née de l'amour et formée sans étude; sa beauté le disait assez. Comme on entendait bien dans ces vers, dans ce chant, la voix de ces héros paysans qui ont donné leur vie sans dire leur nom ! L'art se trahit toujours par quelque chose de froid et d'emphatique, de bizarre ou de convenu. Quel poète aurait trouvé ce ton si juste, ces accents si vrais de colère et de bonne haine ? Non, certes, ce n'était pas un artiste, un poète de métier, qui avait conçu *le Midi rouge.*

Notre ami écoutait ces propos de l'air que nous lui connaissons, et de ce visage immobile qui semble avoir été taillé dans le buis d'un bois sacré par un chevrier aimé des dieux, au temps des faunes et des dryades. Il écouta et se tut. Un autre, de moins d'esprit, se

serait plu à rassembler sur soi les louanges égarées. Il eût troublé les enthousiasmes. Arène aima mieux en jouir; et il y trouva un plaisir plus délicat. Il approuva d'un signe de la tête. Peut-être même se donna-t-il le plaisir de partager l'illusion générale et de considérer pour un moment sa chanson comme une chanson populaire, comme un chant de l'alouette française, jeté un matin sur le bord du sillon ensanglanté. Et après tout il en avait le droit. Quand il la fit, sa chanson, il n'était plus seulement Paul Arène, il était le peuple de France, il était tous ceux qui allaient, le fusil sur l'épaule, se battre pour la patrie. Sa chanson était devenue une chanson populaire. Elle courait les routes, faisant halte le dimanche dans les cabarets du village. Il en est de celle-là comme des autres. Il a bien fallu quelqu'un pour les faire et le poète n'était pas toujours berger : c'était, j'imagine, quelquefois un monsieur. Pourquoi un monsieur ne ferait-il pas, d'aventure, aussi bien qu'un paysan, des couplets de guerre ou d'amour ?

Et c'est ainsi que le Midi chante, c'est ainsi que des poètes comme Mistral, continuent la tradition classique avivée par le sentiment populaire.

Le lendemain de la belle et poétique fête, comme nous cherchions, Paul Arène et moi, un peu d'ombre, de fraîcheur et de silence dans la salle du Musée, nous vîmes parmi des débris gallo-romains une petite figure antique, à demi-nue, mutilée et si belle que le regard ne peut s'arrêter d'en caresser les formes fines.

C'est une Vénus gracile et suave, la Vénus d'Agen. Taillée dans du marbre de Paros, elle n'est point du pays; elle fut apportée en Gascogne par quelque homme riche au temps des Césars. Elle est là comme un don, comme un symbole de cette beauté dont les femmes d'Agen devaient garder le trésor à travers les âges, et qu'elles portent tranquillement ainsi qu'un héritage antique.

L'année prochaine, s'il m'est donné de vivre et de respirer encore la douce lumière du jour, mes amis, nous irons ensemble porter nos hommages pieux à la Vénus d'Arles. Je sais bien que l'Aphrodite de la *Colonia Julia Arelatensis* est captive sur les bords de la Seine. Elle a été portée en trophée dans les jardins de Versailles, puis au musée du Louvre. Mais son âme et son génie sont encore en Provence. On les retrouve dans la pure beauté des femmes, dans les lignes du paysage, dans la poésie vivante des félibres.

ANATOLE FRANCE

AGEN

DES ALPES
AUX PYRÉNÉES

AGEN

Un bruit de cloches me réveille. Est-ce une illusion ? Il me semble, à moitié encore endormi, que ces cloches ont dans leur timbre vibrant et grave quelque chose de vaguement espagnol. — Un bruit de cloches et aussi un rayon de soleil, qui coupe en deux mon oreiller, raide et reluisant comme un sabre.

Les volets ouverts, j'aperçois une petite cour qu'entourent — voilées de verdures grimpantes — des bâtisses basses, communs de l'hôtel, couvertes des classiques tuiles creuses formant sillon. Une femme traverse la cour, elle est brune et porte le foulard, des voix montent, des voix gasconnantes, serions-nous vraiment à Agen ?

Maintenant, je me rappelle les incidents du voyage — le café à la gare d'Orléans servi par un jeune moricaud des îles Hébrides, aux dents carnassières, à l'œil ingénu, que parfois éclaire d'un reflet rêveur quelque souvenir d'une enfance anthropophagique.

Dans la gare d'Orléans, transformée en une ruche bourdonnante d'abeilles, on n'entendait partout que rires, chants et appels joyeux. Le beau soleil de Thermidor inondait de ses rayons les quais de la Seine, comme un souverain magnifique qui de loin sourit aux hôtes qui vont visiter ses domaines.

Muni d'une petite glace, un gamin de la Compagnie des omnibus, conduisant des chevaux de renfort, sur la place Valubert, nous en envoie dans les yeux, pensant qu'on ne saurait assez nous en aveugler.

Enfin, c'est le départ matinal, cette traversée de la Beauce et de la Sologne dans un asphyxiant tourbillon de poussière grasse et jaune, puis de sable fin, aveuglant, pailleté de mica. Et un soleil! Ah, mes amis, nous

en arrivions à solliciter du ciel implacable, l'aumône d'une copieuse ondée.

Heureusement le train gagne vers le Midi où, naturellement, nous trouvons un peu de fraîcheur. C'est le Limousin verdoyant et ses châtaigniers, puis le Périgord noir, d'aspect plus sauvage, avec ses claires et tintantes rivières, ses grands rochers et ses chênes rabougris aux pieds desquels se cache la truffe exquise.

Comme un peu d'archéologie ne nuit pas, nous admirons en passant les escarpements d'Eysies et ses grottes préhistoriques qui surplombent la verte Vezère.  Ces trous sur ce plateau perdu constituaient sans doute une manière de grande ville, à l'époque où nos lointains ancêtres — quadrumanes récemment redressés — luttaient avec l'ours des cavernes.

Voici Siorac, si pittoresque avec ses magnolias et ses fleurs, avec son église dont le toit est semblable à l'écaille d'un monstre marin.  Le serre-frein, un employé charmant du nom de Baptiste Bernard, descend à tous les arrêts, indique la station et trouve encore le moyen, sans nous connaître et avec une politesse exempte d'obséquiosité, de nous renseigner sur les curiosités du parcours, sur les églises aux clochers aigus et sur les châteaux en ruines et de cueillir même une rose pour une dame qui a manifesté, à haute voix, son admiration pour le parterre d'une gare du parcours. Finalement, l'arrivée : des fanfares qui éclatent, les pétards qui partent, la gare qui s'illumine et l'entrée familièrement triomphale, avec nos valises, à la suite d'une éblouissante retraite — çà et là ponctuée de vivats et de feux de bengale — qui nous conduit à la mairie et (ce n'est pas trop tôt!) aux joies réconfortantes du vin d'honneur.

On salue, — peintes sur les murs, — les gloires locales: Jasmin, Scaliger, Bernard Palissy, d'autres encore... Je dédie un souvenir mélancolique à Théophile de Viau, oublié.

Au fait, pourquoi sommes-nous ici ?

Agen est en fête : il s'agit d'inaugurer le buste si crânement modelé par Amy, de Cortète de Prades, un poète mousquetaire qui mourut sur ses terres et chanta en gascon, puis de poser une plaque commémorative, au-dessus de l'humble boutique de barbier, portant encore le nom de Jasmin, en face de sa statue.

Nouvelle promenade en musique.

Tout le monde rit et applaudit, des fillettes brunes, coiffées à l'agenoise, avec le bout du foulard flottant qui retombe en résille sur la nuque, se mêlent joyeuses au cortège.

Banquet, poésies bilingues, brindes à la Gascogne, à la France, cour d'amour sous les ombrages de la préfecture ; et ce soir, dominant la Garonne et le gigantesque pont-canal, sur lequel au lieu de fiacres et d'omnibus on voit de grands bateaux qui passent, le coteau de l'Ermitage illuminé.

Mais, hélas ! la vie est courte et l'on doit d'ici à huit jours, inaugurer vraiment beaucoup de bustes.

Pour commencer, notre ami Elie Fourès célèbre en vers colorés la gloire de Cortète :

> *Cortète qui maintint la langue de nos pères,*
> *La langue que Jasmin, Goudelin et Mistral*
> *Ont fait sonner au loin sur les deux hémisphères !*
> *Tes œuvres, ô Gascon, nous sont doublement chères,*
> *Car tu sus manier, avec un art égal,*
> *La langue du terroir et celle de Pascal.*

La croyance populaire, à Agen, est que les cigaliers sont des magistrats de la cour de cassation en villégiature. Les bonnes gens ne connaissent pas Cortète de Prades : mais il se trouve qu'un certain Laprade, parricide exécuté, il y a douze ans, à Agen, opposa aux bourreaux une résistance acharnée ; jamais, au cours de ses pérégrinations, Deibler ne rencontra un sujet si indiscipliné. La population illettrée, dont l'imagination est échauffée par les souvenirs récents de l'affaire Borras, croit fermement que l'innocence de ce criminel récalcitrant a été définitivement reconnue et qu'on lui élève un monument expiatoire.

Nous rencontrons Anatole France, paraissant encourager cette interprétation qui nous donne des allures de justiciers.

Les choses sont remises au point par Sextius Michel qui arbore pour la première fois la rosette de la Légion d'honneur, donnée au doyen des maires de Paris en échange des services rendus depuis le siège, sans interruption, à l'administration municipale. La cigale d'or, fixée à la même boutonnière, semble s'être négligemment posée sur un bouton de rose. Après les paroles de remerciement de M. le Maire d'Agen, il proclame les mérites du poète-soldat :

« Je n'hésite pas, messieurs, à placer Cortète de Prades immédiatement après Jasmin, entre Goudelin, le célèbre poète toulousain, et Daubasse, le poète peigneur de chanvre, qui rendit populaire dans toute la Gascogne le nom de Villeneuve-sur-Lot.

» Si dans les régions sereines où Dante a placé les poètes, mon jugement n'était pas ratifié, ce n'est pas ce qui troublerait l'harmonie qui doit régner entre ceux qui ont chanté dans la même langue.

» Mais il en est des œuvres poétiques comme de certaines fleurs qui, longtemps dédaignées, deviennent un beau jour les reines d'un parterre et la parure favorite de la beauté.

» Cortète de Prades, pendant près d'un siècle, ignoré, est aujourd'hui remis en honneur.

» Rien ne manque, du reste, à ses charmantes pastorales, ni la finesse, ni la couleur, ni le charme des sentiments, ni l'élégance de la versification. Lui reprochera-t-on un peu de sensiblerie et de préciosité ? C'était le défaut de l'époque, et Gesner, l'auteur de *Daphnis* et de la *Mort d'Abel*, Gesner que Diderot a vanté avec enthousiasme, mérite plus souvent que lui un reproche pareil. O Cortète de Prades, j'aime, moi, tes beaux vers, parce qu'ils ont avant tout le parfum pénétrant des vallons et des coteaux

où ils ont été composés; parce qu'ils coulent et chantent comme une onde claire sur le gravier luisant.

» Cortète de Prades était de la race de ces antiques troubadours qui, après avoir chanté la dame de leurs pensées, s'élançaient dans la mêlée, tenant l'épée d'une main, et de l'autre le légendaire bouclier où « s'implantaient en tremblant les flèches sarrazines ». Bertrand de

Born est son ancêtre; c'est de lui, n'en doutez pas, qu'il tient l'ardente passion de la guerre et le saint amour de la poésie.

» Les hommes ainsi trempés, messieurs, ne sont pas rares dans notre chère France. Rouget de  l'Isle en est le type sublime. Combien d'autres, comme Florian et Alfred de Vigny, faisaient vibrer la lyre dans le même temps qu'ils maniaient l'épée. Combien, à la veille d'une bataille, ont invoqué en des vers perdus pour leur gloire, quelque muse mystérieuse dont le regard, entrevu à travers la fumée des camps, leur donnait le courage du combat et l'esprit de la victoire ! »

De là on se transporte devant l'ancienne boutique du poète-barbier Jasmin dont on  rappelle le génie poétique et l'inépuisable charité. C'est de lui dont Charles Nodier a dit : « La France possède un de ces poètes incomparables dont le génie jette un éclat immortel sur leur pays. »

Puis M. Bladé, président de la Société d'agriculture, des lettres, des sciences et des arts d'Agen, prononce un discours rempli d'humour et semé de malices.

On se rend ensuite au banquet où des toasts pleins

de couleur, sont prononcés par d'éloquents orateurs dont la seule énumération serait longue.

Dans le parc de la Préfecture, occupée par un très aimable préfet, M. Joucla-Peloux, se tient la cour d'amour, sous la présidence de Mlle Prévost-Roqueplan, qui porte, avec une grâce exquise, un nom cher à la fois au Midi et à la Capitale. Tandis que nous griffonnons ces quelques notes à la hâte à la porte d'un café, nous sommes interrompus par deux bohémiennes superbes, en haillons, demandant l'aumône, avec leur enfant suspendu, le long de leur dos, à un berceau de mauvaise toile, attaché à l'extrémité d'un gros bâton noueux reposant sur leurs épaules.

FÊTES LITTÉRAIRES DU MIDI

FÊTES LITTÉRAIRES DU MIDI

Ces fêtes du Sud-Ouest ont une grande importance littéraire ; mais il est bon de noter qu'elles sont la continuation de manifestations antérieures qui eurent leur heure de retentissement, et qu'on nous saura gré de rappeler.

La Cigale, fondée en 1875, sous l'impulsion de trois jeunes gens, Maurice Faure, Eugène Baudouin, Xavier de Ricard, fraîchement débarqués du Languedoc et doués d'une activité dévorante, avait rapidement groupé les illustrations littéraires et artistiques du Midi.

En dehors des banquets mensuels que terminent toujours de délicieuses soirées poétiques et musicales, la première fête organisée par elle eut lieu le 16 avril 1877, dans la grande salle du Conservatoire, au profit des victimes de la catastrophe de Graissessac (Hérault). Elle fut très brillante, présidée par Henri de Bornier, nous relevons sur le programme les noms de MM. Delaunay, Coquelin aîné, Mounet-Sully, Dupont-Vernon, Saint-Germain, Mmes Favart, Jeanne Samary et Thénard. Les fêtes publiques furent donc inaugurées sous les auspices de la charité et la recette très fructueuse servit à adoucir de nombreuses infortunes.

Fondée sur l'amour du pays natal, la Cigale ne devait

pas tarder à déployer ses ailes vers le Midi : en effet, quelques mois plus tard, en septembre 1877, l'association   méridionale alla tenir cour d'amour en Arles. Les noms les plus connus de cette première expédition cigalière sont ceux de Charles Monselet, d'Oscar Comettant, de Roumanille, d'Anselme Mathieu, Félix Gras, Louis Roumieux, Aubanel, Jean Aicard, Cabanel, Grangeneuve, Louis Simonin, Massol (de l'Opéra), Granet, depuis ministre, alors préfet mis en disponibilité par le gouvernement du Seize-Mai. Le lauréat du concours poétique fut Jules Gaillard, aujourd'hui député de Vaucluse.

Sur ces entrefaites, prenait naissance le Félibrige parisien qui vint seconder vaillamment son aînée. Sous cette   double impulsion, fut décidé le pèlerinage annuel sur la tombe de Florian, ce doux cigalier du dix-huitième siècle, pèlerinage successivement dirigé par Aubanel, Mistral, Arène, Castelar, Vasili Alecsandri, Ruiz Zorilla, Jules Simon, Michel Bréal.

Depuis trois ans, grâce à la munificence de M. Cernuschi, la Tarasque elle-même a voulu se mêler à la caravane, ce qui a mis en joie les collines parfumées des environs de Paris.

Il y a quelques années, on s'aperçut que Rabelais n'avait aucun monument rappelant extérieurement son souvenir aux amoureux qui vont s'égarer, chaque printemps, dans les bois de Meudon. La Cigale se rappela fort à propos que Rabelais, ancien caloyer des îles d'Hyères, s'était assis sur les bancs de l'Université de Montpellier, et le ciseau du sculpteur François Truphème,  grava dans un buste célèbre les traits de l'immortel écrivain.

Les fêtes de 1888 à Die, Orange, Avignon, à la Fontaine de Vaucluse, à Nîmes, au Pont-du-Gard, furent un grand triomphe pour l'esprit méridional qui jamais ne rayonna d'un plus vif éclat.

Ces manifestations, sans exemple dans l'histoire littéraire de notre pays, ouvrirent comme une ère nouvelle de vie intellectuelle, d'originalité provinciale, de pure et saine gaieté, de fraternité artistique et de décentralisation féconde. Trois provinces de France, unies par le culte de l'idéal, oublièrent un moment leurs discordes pour glorifier les souvenirs du passé, sous la double influence de l'amour de l'art  et de la poésie, si vivant dans le cœur de ces populations.

L'éclat de ces fêtes dépassa les plus optimistes prévisions : au Théâtre-Antique d'Orange où deux ans auparavant, Mlle Léa-Caristie Martel avait délicieusement incarné la

belle et douce figure de Minervine et Silvain avait superbement créé l'*Empereur d'Arles*, d'Alexis Mouzin, Mounet Sully se montra, dans *Œdipe Roi*, l'égal des plus grands interprètes tragiques.

En Avignon, le spectacle fut inoubliable ; la rue principale de la gare à l'Hôtel de Ville n'était qu'une voûte lumineuse. La jeunesse de la ville faisait escorte aux lettrés et aux artistes : de tous les balcons, des fleurs étaient jetées au cortège que guidaient en dansant les farandoliers de Barbentane. Les acclamations éclataient, nourries de toutes parts, comme s'il se fut agi d'une intronisation pontificale.

Tandis que le bourdon de l'Hôtel de Ville sonnait à toute volée, pendant cette manifestation, la place du Palais des Papes présentait un aspect féerique sous les tours du vieux palais, éclairé par les lueurs rouges des flammes de Bengale, se découpant

fantastiquement sur le ciel bleu tout constellé d'étoiles.

...tations qui se préparent dans les Pyré-
...raissent devoir être le
digne p....... de ces fêtes merveil-
leuses de Provence.

Qu'on le sache une fois pour toutes ! Félibres et Cigaliers sont d'extraordinaires semeurs de bustes : il ne se passe pas d'années sans que les tambourins de Provence n'aient cinq ou six fois occasion de donner l'aubade autour de monuments élevés à la gloire de quelque troubadour oublié. Dernièrement, c'était d'abord auprès de la

vaillante comtesse de Die, célèbre par ses amours avec Raimbaud ; elle a uniquement laissé comme bagage poétique quatre sonnets, qui ont dû faire tressaillir dans sa tombe les cendres de Sapho : l'œuvre était de Mme Clovis Hugues, dont le ciseau a fait joyeusement revivre les traits de l'amoureuse comtesse. Puis vint le tour de Caristie, le restaurateur du Théâtre-Antique d'Orange ;

puis celui de l'explorateur africain Soleillet, mort à Aden, presque dans la misère.

Cette année les poètes qui bénéficient de cette large utilisation du bronze, sont Cortète de Prades, à Agen; Saluste du Bartas, à Auch; Théophile Gautier, à Tarbes; Xavier Navarrot, à Oloron.

François de Cortète naquit en 1571 au manoir de Prades, dont les tourelles disparaissent aujourd'hui sous le lierre au milieu de champs de maïs. Après avoir longtemps guerroyé sous les ordres d'un petit-fils du fameux Montluc, le comte de Carmaing, gouverneur du pays de Foix et des terres souveraines de Donazan et d'Andore, il se retira à Agen et mourut, chargé d'ans et d'infirmités, en 1655, laissant deux pastorales, *Ramounet* et la *Miramoundo*, et une comédie en cinq actes, écrite en vers gascons, dont *Sancho Pança* est le héros. Les mœurs des campagnes agenaises sont décrites avec un charme exquis, non exclusif d'originalité et d'ampleur. Le sculpteur Amy a fixé pour la postérité les traits

du Cortète soldat : voilà bien le mousquetaire, compagnon de d'Artagnan, avec sa fine moustache surmontant ses lèvres d'une sensualité spirituelle, avec son chapeau à larges bords d'où se détache vers le ciel une plume insolente et hardie.

Nous retrouvons ce même type de poète-soldat dans

Saluste de Bartas qui fut, dit-on, mortellement blessé à la
bataille d'Ivry. De plus, diplomate. Ce poète de la pléiade
qui a exagéré les défauts et aussi les qualités de Ronsard
est quelque peu dédaigné parmi nous, mais son nom est
cité à l'étranger, par Gœthe notamment, parmi ceux qui
ont le plus honoré la littérature française. Telle poésie de
lui, entr'autres celle où il chante les bords de l'Ariège,
pourrait dignement figurer dans les meilleures anthologies.
Le buste de du Bartas est dû au peintre Victor Maziès,
artiste indépendant et personnel, irrité dès le début de
sa carrière par de flagrantes injustices et qui a, dans son
atelier de la rue d'Assas, de très belles œuvres, sa *Réunion
publique*, pour n'en citer qu'une seule, remplie de mouvement et de couleur.

Xavier Navarrot est une sorte de Béranger pyrénéen,
qui vécut en philosophe, chantant le vin, la politique et
l'amour en vers vibrants qui remueront longtemps encore
tous les cœurs béarnais. Avocat et médecin, il ne tira
aucun profit de ses diplômes pour rester un fervent adepte
des Muses, plein de malice et de bonne humeur.

> *Certain confrère, avocat de bricole*
> *Met en congrès et Barthole et Cujas*
> *Pour s'applaudir, quand je n'accorde pas*
> *Cujas avec Barthole !*
> *Que ces gens, ma foi,*
> *S'arrangent sans moi !*
> *Car j'ai déserté leur école,*
> *Pour concilier*
> *Dans mon vieux cellier.*
> *Tin, tin, tin, tin, tin, Champagne et Chambertin,*
> *Tin, tin, tin, tin, tin, sans conflit intestin,*
> *Au doux tin, tin, tin, du cristal argentin !*

Comme Béranger, Navarrot mit son talent de chansonnier au service de la politique libérale et républicaine. Ses refrains se chantent toujours dans les villages des Pyrénées et il n'avait pris aucun soin pour les conserver. Ses chants sont pourtant réunis dans un volume, aujourd'hui introuvable, publié par les soins d'un savant et pieux ami, M. Lespy. Un jeune sculpteur de grand talent, M. Jean Escoula, a très bien rendu sa physionomie expressive, railleuse et bon enfant : sa vareuse tricotée, son chapeau à bords bizarrement contournés lui donnent l'aspect d'un muletier des montagnes.

Mme Judith Gautier, la fille du poète des *Emaux et Camées*, qui manie avec une égale habileté la plume et l'ébauchoir, a pieusement recueilli les traits de son illustre père. Elle a été aidée dans cette douce tâche par un jeune sculpteur d'avenir, M. Henri Bouillon, dont les débuts au Salon ont été très remarqués. Nous ne dirons rien du merveilleux dompteur de la rime et du rythme qu'était Théophile Gautier, mais on nous permettra de nous étonner à notre tour de l'étonnement, de la surprise provoquée chez certains par l'hommage rendu à Gautier par les félibres. Le *Temps* a commencé cette bonne plaisanterie qui a chance de se prolonger. Le jeune et brillant rédacteur de cette feuille grave n'est pas au courant des polémiques qui, aujourd'hui paraissaient complètement vidées : il aurait pu s'adresser à son éminent collaborateur, notre confrère et ami M. Gustave Isambert, qui l'aurait mis au courant de la question. Car le député de Châteaudun tomba lui aussi, en un temps, si nous avons bonne mémoire, dans une erreur analogue dont il doit être revenu, après les explications topiques qui lui furent fournies.

Dans le *Paris*, M. E. Lepelletier a repris avec violence une thèse que nous supposions abandonnée. Il parle encore de séparatisme possible : les Provençaux ne paient-ils l'impôt et ne vont-ils pas à l'armée, comme tous les citoyens français ? Qu'on les laisse donc tranquilles sur ce point spécial.

Pour le charabia qui pourra se déchaîner autour du monument de Gautier, nous confessons que le véhément chroniqueur du *Paris* n'aura pas souvent l'occasion d'en entendre de semblable, même à la tribune du conseil municipal de Paris. Des poètes vigoureux et délicats comme Armand Silvestre et Auguste Vacquerie, des orateurs tels qu'Henry Fouquier célébreront dignement l'immortel auteur de *Mademoiselle de Maupin* et du *Capitaine Fracasse*.

Pour les patoisants purs, ainsi qu'on veut bien les appeler, ils s'exprimeront par la bouche d'un maître, Félix Gras, qui a écrit deux chefs-d'œuvre épiques, *li Carboumé* et *Tolosa*.

Pour Mistral, inutilement mêlé à cette querelle, génie colossal, celui d'un Hugo doublé d'un Littré, nous estimons qu'il aura quelque plaisir à relire l'entretien de Lamartine, où il est comparé couramment au Tasse, à l'Arioste, à Virgile, à Homère... L'opinion de Lamartine, en matière de poésie, a bien quelque valeur.

MONTAUBAN

MONTAUBAN

La cour d'amour tenue à Agen, une fois terminée, nous entendons une *Rapsodie gasconne* composée par M. Ratez pour la circonstance: elle obtient un très grand succès. La foule se presse nombreuse sous les délicieux ombrages du parc de la Préfecture, pour écouter les airs populaires du pays, des agenaises au foulard très artistiquement noué, à l'œil d'un éclat singulier, attirent l'attention admirative des auditeurs. L'estrade est dressée sous les grands arbres pavoisés de drapeaux aux trois couleurs: on dirait une des fêtes données par la Convention dans le jardin des Tuileries et dont le peintre David était le grand ordonnateur.

Après une courte visite à la petite boutique de Jasmin et au jardin rustique du poète, nous quittons vivement les beaux platanes du Gravier et les rues aux cailloux pointus pénétrant à travers l'épaisseur des semelles, — rues d'une tranquillité quasi-monacale, — pour nous rendre à la gare, en route pour Montauban, le regret au cœur de quitter cette belle ville d'Agen et la fête qui continue sur les collines de l'Ermitage.

La ligne suit les rives admirablement verdoyantes de la Garonne et du canal latéral sur les bords duquel se gavent des troupeaux d'oies, qui, la saison venue, deviendront le classique confit si renommé de nos villes du Sud-Ouest.

Le Midi s'est piqué d'honneur; il nous régale d'une aimable température de 32 degrés à l'ombre ; jugez de celle du soleil !

— Il ferait éclore des œufs, me dit gaiement un de nos hôtes.

— Si nous essayons ?

— Essayons..., apporte des œufs frais, Catinelle.

Mais voilà bien toujours l'exagération méridionale ! quand on les retire du coin où la cuisinière les plaça, ils n'ont pas éclos; ils ne sont que durs.

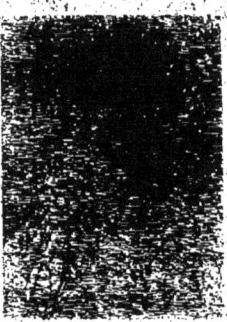

Nous voici arrivés à Montauban; les fanfares éclatent, des applaudissements nourris se font entendre. M. Gaston Garisson, qui s'est donné un mal inouï pour mener à bien l'organisation des fêtes montalbanaises et qui a admirablement réussi, le député Maurice Lasserre, M. Rolland, conseiller général, sont au-devant des félibres pour les amener de la gare à l'hôtel de ville où aura lieu la réception officielle. Les rues sont remplies d'une foule compacte dont il est très difficile de percer les rangs épais. Sur la place de l'Hôtel-de-Ville, c'est bien pis encore : les agents sont obligés de batailler avec ces curieux enthousiastes pour permettre aux invités de pénétrer dans la salle d'honneur. Là,

c'est une autre invasion : des nuées d'éphémères viennent rôder autour des lustres, battre alternativement plafond et plancher ; c'est à se croire sur quelque théâtre du boulevard, pendant la chute d'une neige factice. Il ne manque plus là que les houris frileuses, les mains perdues dans leur manchon.

On installe le bureau sur l'estrade et les discours de bienvenue nous sont adressés par Gaston Garisson, président du comité ; par le chanoine Pottier et par M. Emile Pouvillon au nom de la Société des lettres et des arts de Tarn-et-Garonne. On ne nous pardonnerait point de citer quelques courts extraits du discours plein de saveur du fin lettré, citoyen de Paris et bourgeois de Montauban qu'est Emile Pouvillon, l'auteur de *Césette* et de *Chante-Pleure*, où il a étudié avec amour et  une finesse de touche incomparable les mœurs, les habitudes, les paysages du Bas-Quercy :

« Vous cherchez à nous entraîner dans ce mouvement, dans cette glorieuse farandole du félibrige, qui est avant tout, ce me semble, une manifestation, et la plus éclatante possible, de la vitalité provinciale.

« Vous, messieurs les félibres, vous venez attester, nous faire toucher du doigt ce miracle dont Jasmin a été chez nous le naïf et presque génial précurseur, ce miracle d'une langue quasi-morte ressuscitant tout-à-coup et produisant en un quart de siècle assez de fleurs et de fruits pour embaumer et nourrir tout un pays.

» Et vous, messieurs les cigaliers, vous venez nous montrer le couronnement de cette floraison méridionale, l'ascension dans la gloire de ce Midi artiste et poète dont vous comptez parmi vous les plus illustres représentants.

. . . .

» Grâce à vous, messieurs, les derniers préjugés sont tombés qui nous séparaient de la capitale, et l'on peut dire désormais qu'il n'y a plus entre Paris et la province qu'une longueur de plume ou une portée de voix, si peu qu'il y ait une âme dans cette voix et une goutte de talent au bout de cette plume.

» C'est là, messieurs, une manière de décentralisation cordiale et affectueuse en attendant l'autre, la décentralisation officielle. »

En réponse à ces discours, l'un des voyageurs, dans une très spirituelle causerie, s'est félicité, au nom de tous, d'être reçu à Montauban par son viel ami Pouvillon. Il a remercié la population de l'indescriptible enthousiasme qu'elle a manifesté sur le parcours. On a attribué la fougue au Midi et on la lui accorde sans conteste : aussi ne sommes-nous point fâchés, en venant honorer Ingres dans sa ville natale, de montrer qu'il était également doué de la faculté maîtresse du travail patient et obstiné, seul capable d'engendrer les chefs-d'œuvre.

Puis a commencé la séance artistique et littéraire où s'est donnée libre carrière le talent très réel de deux félibres locaux, Castela et Quercy, qui ne sont pas seulement deux charmants poètes, mais aussi des diseurs vraiment remarquables.

Dans notre entrée pyrotechnique et bousculée, au milieu des illuminations et des musiques — tandis que la *Barloque*

sonnait à toute volée dans son vieux beffroi protestant, au dessus des clameurs de la foule dans un épais brouillard de poussière, nous avions traversé, sans soupçonner leur existence, le Tarn et le pont ogival dont est fière la capitale du Bas-Quercy.

Allons les voir au matin : le Tarn est un fleuve désert, jaune entre des rives vertes, et coulant paisible ; le pont, avec ses piles ajourées, me fait songer, sauf le dessin des arches et quoiqu'il n'ait pas de chapelle, à celui de Saint-Bénézet.

Journée paisible et reposante, avec la joie d'avoir dormi sous le toit si hospitalièrement provincial — mais d'une province ouverte au présent quoique gardant partout, dans l'étroit jardin, dans l'escalier clair, les vieux salons pleins de vieux meubles, le culte pieux du passé — où Emile

Pouvillon, Parisien trois mois de l'année et Montalbanais pour le reste, écrivit ses délicats chefs-d'œuvre.

Nous parlons de *Jean-de-Jeaune*, de *Césette*, de *Chante-Pleure*, son dernier roman ; nous parlons aussi de Léon Cladel que nous espérions et qui nous manque.

En attendant la promenade officielle, on flâne un brin  sous les *Couverts*. C'est la plus plaisante des places, quelque chose avec ses maisons de briques, et son double rang d'arcades à l'ombre desquelles s'ouvrent des boutiques, comme une Place-Royale bruyante, voyante, rustique et minuscule, embaumée de bonnes odeurs de fruits frais cueillis, réjouie des disputes gaies d'un marché.

Mais le programme est là, hostile à toute flânerie. Une fois, par hasard, pourtant, je bénis la rigidité du programme.

Après la visite obligée au pont des Consuls, dont les arches surmontent de vieilles maisons — des tanneries, l'ancien abattoir — couronnées de sureaux, on se rend à l'église du faubourg pittoresque de Sapiac.

A travers un jardin fleuri et feuillu, pittoresquement pendant, et traversé d'une rivière — le jardin d'acclimatation — nous arrivons au faubourg qui, séparé de la ville par le Tescou, est, avec sa population d'artisans et d'ouvriers de minoterie, une manière de Transtévère montalbanais.

Une surprise nous attend. Le curé est sous le portique, ayant auprès de lui un suisse de belle allure, mollet tendu, hallebarde en main. Un chœur de jeunes vierges, au timbre  angélique et clair, entonne un hymne composé en l'honneur des félibres et des cigaliers. Les paroles sont en idiome montalbanais ainsi que le discours en vers, prononcé par le vénérable pasteur de cette paroisse, qui est chaleureusement applaudi. L'attitude du clergé, dans cette manifestation artistique, fait grand honneur au libéralisme de M. l'Évêque de Montauban.

L'église de Sapiac possède un tableau — le miracle de sainte Germaine — offert par Ingres, homme bourru mais bienfaisant à ses heures, au quartier des pauvres gens où il avait eu sa nourrice. Les organisateurs de la fête voulaient, paraît-il, pour mieux nous le montrer, le transporter au musée. Ce fut comme une émeute — émeute affectueuse dans tout le faubourg. — Et pourquoi ces messieurs de Paris, ne viendraient-ils pas jusque chez nous, voir notre sainte Germaine ?

Les messieurs de Paris sont donc allés chez eux, et certes ! ne le regrettent pas.

Des fillettes brunes, en robe de tous les jours, charmantes, émues, sans rien d'endimanché dans le costume ni sur le visage, nous accueillent donc devant l'église, et chantent, tandis que les yeux noirs regardent curieusement, et que les lèvres sont prêtes à rire par des voix naïves et jeunes.

Nous entrons respectueusement, nous admirons sainte Germaine et le miracle des roses. Une vieille me fait remarquer la dernière rose restée dans un pli du tablier et qui semble tomber. Elle a des larmes dans les yeux, la bonne vieille; je ne suis pas tout à fait sûr de ne pas en avoir.

Ceci me suffit. A quoi bon, dans l'ancien palais des évêques, bâti sur les salles souterraines de l'ancien palais du Prince-Noir et maintenant devenu musée, essayer de pénétrer en une trop rapide visite le génie d'Ingres. Il me semble que la vieille et moi avons rendu au peintre un suffisant hommage, la voix des fillettes y était peut-être bien pour un peu, sa sainte Germaine nous a fait pleurer.

Le palais du Prince-Noir fut construit à l'époque de la domination anglaise. Les beaux dessins d'Ingres, ceux de son père, forment une exposition spéciale du plus haut intérêt. Sous une vitrine : le violon, le fauteuil, les lunettes du maître, et, sur son chevalet, la dernière toile à laquelle il travaillait quand la mort est venue le frapper.

Un plantureux déjeuner est ensuite offert à la caravane. Comme à Agen, ce sont de vraies noces de Gamache : n'oublions pas que nous sommes dans un pays de gourmands et de gourmets. On boit à la ville de Montauban.

Devant le monument d'Ingres, œuvre du sculpteur Etex, le président de la Cigale retrace éloquemment l'existence artistique du grand peintre montalbanais, qui est aussi une gloire française.

Notre passage a produit, dans la rigide cité huguenote de Montauban, une perturbation singulière.

C'est ainsi que, retenus quelques heures après le départ des camarades dans la maison hospitalière d'Emile Pouvillon, nous avons eu occasion, en compagnie du peintre des paysages montalbanais, le maître Nazon, nous promenant après la fête autour de la ville, de rencontrer deux jeunes gens appartenant à des familles de la bourgeoisie la plus distinguée, couchés dans les fossés profonds, en train de cuver leur vin.

Des jeunes filles ravissantes, un sourire compatissant et railleur à la bouche, la main appuyée négligemment sur les hanches, au profil fin à la façon des figures de Ingres et de Raphaël, les exhortent vainement à se lever pour rentrer dans leur demeure: mais ils se trouvent bien là et paraissent décidés à y passer la nuit.

D'autres moins abattus courent, bras dessus bras dessous, les rues de la ville en chantant à tue-tête les refrains populaires du pays. Rien n'aurait fait présager de la population, ordinairement indifférente, un accueil aussi enthousiaste ; on savait simplement que les lettrés nous feraient bon accueil. Montauban fut à toutes les époques un centre de culture intellectuelle : c'est une académie montalbanaise qui encouragea les débuts littéraires de Marmontel. Le prix obtenu par le jeune écrivain était une lyre d'argent de la valeur de cent écus. De Toulouse où il résidait, Marmontel se rendit à Montauban pour retirer sa lyre et tout d'un temps la vendit. C'est avec cet argent qu'il s'achemina vers Paris pour tenter la fortune.

AUCH

AUCH

Auch nous réclame : par une chaleur accablante, nous débarquons à midi sur le quai de la gare, où nous sommes reçus par la municipalité, les pompiers et non seulement les musiques et orphéons de la ville, mais encore par toutes les fanfares du département. Des voitures nous attendent pour nous conduire à la mairie, dans une salle où figurent les portraits des illustres soldats de la Gascogne : grand est leur nombre. On en jugera par ce seul fait que la petite ville de Lectoure, perchée comme un nid d'aigles

sur les hauteurs, a donné naissance, à elle seule, à douze généraux, dont le maréchal Lannes, qui symbolise si bien le peuple gascon à l'imagination chevaleresque et vagabonde et d'une si spirituelle bravoure.

Dans un discours plein de finesse, M. Aucoin, l'aimable et énergique maire de la ville d'Auch, adresse aux visiteurs des paroles de cordiale bienvenue et l'on se rend à l'inauguration du monument de Saluste du Bartas, œuvre si originale du peintre Victor Maziès qu'un deuil de famille empêche d'assister à la cérémonie.

M. Henry Fouquier prononce, au milieu d'un auditoire ravi, un substantiel discours où l'œuvre du poète, la vie du soldat huguenot, du gentilhomme et du diplomate sont retracés de main de maître :

« Le sculpteur, en reproduisant d'après les gravures du temps les traits de du Bartas, lui a donné le costume et l'allure cavalière d'un soldat. Il lui a mis au feutre, comme un panache, sa plume de poète. Ainsi apparaît à nos yeux l'homme du seizième siècle, lettré et guerrier, écrivant entre deux campagnes, en soignant ses blessures, et, la plume à la main, combattant encore pour son parti, aussi vaillament, aussi terriblement qu'avec l'épée. Cet esprit de lutte et de bataille a fait les misères, mais a fait aussi la grandeur du seizième siècle. Michelet n'a-t-il pas  dit, d'un de ces mots qui sont à lui : « Le seizième siècle est un soldat ! » Et quel soldat, Messieurs ! Un soldat non seulement brave et audacieux, mais un soldat conscient et volontaire. Comme dans les batailles de l'*Iliade*, au-dessus des Grecs et des Troyens aux prises, Homère nous montre les dieux invisibles qui combattent aussi entre eux pour décider du sort d'Ilion, au-dessus des champs de bataille du seizième siècle planent les idées anciennes et les idées nouvelles, la tradition féodale, l'esprit d'examen et de liberté, une conception monarchique tout autre que celle de la race des Valois ; la grandeur de l'église papale, la sainteté de la réforme naissante et du choc de ces idées, de leur triomphe ou de leur défaite, doit naître la France moderne ! Est-il rien d'aussi grand que cette époque de notre histoire ? Et, dans ce conflit, ne doit-on pas excuser les erreurs des uns, les violences même des autres ? Eh bien ! Messieurs, cette louange que je voulais faire de du Bartas, avant même de dire un mot du poète, c'est que, soldat et penseur, il se garda de l'erreur de la violence. Très de son temps par son style, par de nombreux préjugés même si vous voulez, il le devance par la tolérance de sa foi et la sagesse de sa politique, supérieur, en cela, à ses rivaux en poésie, à Ronsard, poète de cour sans indépendance, à Agrippa d'Aubigné, dont l'âpre génie n'éclata que dans l'invective furieuse et sublime... »

Des poésies sont ensuite dites en son honneur. Voici celle du député Maurice Faure qui soulève de nombreux applaudissements :

Revis, ô du Bartas, poète magnanime,
Toi qui sus enchasser saphirs et diamants
Dans le scintillement merveilleux de la rime
Dont tu fus le fidèle et somptueux amant.

Tu la fis rayonner d'une splendeur sublime
L'embellissant d'un frais et riche vêtement,
Dont tu pris les couleurs au trésor anonyme,
Où vit l'esprit du peuple éternel et charmant.

Car tu pensais, ainsi que Montaigne, ton maître,
Que dans la langue d'oïl, vibrante, doit renaître,
L'âme des vieux parlers dont nous fûmes bercés.

*Et c'est pour les garder immortels dans le temple,
Précurseur glorieux, que tu donnes l'exemple,
Français parlant gascon, Gascon parlant français.*

La cérémonie d'inauguration terminée, on se rend dans les salons de la Préfecture, dont le distingué préfet, M. Boudet, fait les honneurs. Pendant le lunch, l'*Estudiantina auscitaine* se fait entendre.

A Auch, en dehors de la gloire croissante des réceptions, banquets, discours, arcs-de-triomphe, feux d'artifice — deux joies intimes nous étaient réservées : admirer — tandis que les cloches carillonnent éperdûment convoquant les chanoines à leur office chapitral — l'église, sa façade seizième siècle d'une si magnifique ordonnance, ses vitraux, non pareils qu'un jour doré traverse, son chœur où le bois sculpté prend des souplesses d'orfèvrerie ; et de voir enfin des pompiers à l'allure vraiment guerrière.

Que nous importe Lectoure, ville de 5,000 âmes que nous saluons au passage, et l'authentique légende de ses 300 volontaires envoyés en 93 aux frontières, parmi lesquels, y compris Lannes, douze revinrent généraux ? Que nous importent, à Auch, couvrant du haut en bas  les murs de sa grande salle des fêtes, toutes ces effigies batailleuses et comminatoires de croisés, de chevaliers de Malte, de grands-maîtres des arbalestriers, d'amiraux et de maréchaux ? Pour bien comprendre la Gascogne et deviner sa sève guerrière, il suffit de voir défiler au grand soleil, alertes, disciplinés, bruns et maigres, sous l'or du casque, ces braves pompiers d'Auch descendants, certes ! incontestables des soldats, bons marcheurs, avec l'aide de qui Henri IV gagna son trône.

Après cette promenade, banquet pantagruélique dans la salle des fêtes de la mairie. Discours de MM. Aucoin, Sextius Michel, Henry Fouquier.

La parole est ensuite donnée à notre  contrère et ami Georges Niel, ancien secrétaire général du Gers, qui dans un discours chaleureusement applaudi, retrace les vieilles gloires de la Gascogne.

Signalons en passant que Georges Niel est un de ceux qui ont le plus contribué à l'acte de justice tardive rendue à la mémoire de du Bartas, qui fut, en son temps, tout comme Ronsard, proclamé prince des poètes.

Léon Barracand lit ensuite son sonnet à du Bartas, qu'anime une douce philosophie :

SALUSTE DU BARTAS

La Pléiade brillait au firmament du Nord,
Quand, sous le ciel gascon, en deça de la Loire,
Son astre se leva, — si haut que tout d'abord
De l'illustre Ronsard il fit pâlir la gloire.

Et, dès lors, sur le Pinde ils mirent le discord.
Fiers tous deux, appuyés sur l'œuvre méritoire,
Ils prétendaient cueillir, d'un même et noble effort,
Le laurier vert qui garde à jamais la mémoire.

Aujourd'hui, dans le faste et l'éclatant renom
Leurs arrières-neveux mêlent leur double nom.
Ronsard n'est plus jaloux. Le Bartas ne l'envie.

Et réveillés au bruit que l'on mène autour d'eux,
Ils s'accordent enfin, connaissant bien tous deux
La double vanité de l'Art et de la Vie.

M. J. Noulens, fondateur de la *Revue d'Aquitaine*, dit une *Ode à Dastros*, poète gascon du dix-septième siècle, ancien curé de Saint-Clar-de-Lomagne

Les vers exquis abondent dans cette pièce poétique.

Il redonna la sève au verbe d'Aquitaine
Qu'illustrèrent jadis Arnaudet de Marsan,
Marcabrun le Gascon, Dias la châtelaine,
Qui tenait cour d'amour et lice à Samathan!

Sur un rythme à huit pieds, dans l'idylle et dans l'ode,
La muse de Dastros vibre comme un hautbois;
On peut la comparer à celle d'Hésiode,
Par le tour familier et vif de son patois.

La langue de son coin est la langue sacrée :
Il veut que tout Gascon soit pour elle un amant,
Qu'on la garde toujours, limpide, inaltérée,
Rutilante de feux comme un vieux diamant.

Aucun pays ne vaut son pays de Cocagne !
Si dieu, du paradis fermant l'huis aux verrous,
Descendait ici-bas, il viendrait à Lomagne
Déguster, l'œil mi-clos, vins rouges et vins roux !

Quand Dastros rêve, au soir, sur le seuil de la cure,
C'est sans doute ou moyen d'ajuster deux anneaux,
La morale du Christ et celle d'Epicure,
De faire pénitence avec de bons morceaux.

Dastros, en poésie, est plus osé qu'en chaire :
Il pique le mot gras, sans demander pardon.
Au risque de passer pour être le vicaire
Et le coadjuteur du curé de Meudon.

Doux réaliste, épris des terrestres merveilles,
Il aime l'alouette au vol et en pâté,
Les grappes de glycine et mieux celles des treilles :
Pour lui la fleur de vigne est la fleur de beauté !

Dans ses Quatre Eléments, *le poète confesse*
Qu'il est, comme le feu, l'adversaire de l'eau,
Dont il n'use jamais que pour dire la messe,
Que pour couper le vin qu'il offre à son bedeau.

Il plaint les buveurs d'eau, car ce liquide rouille,
Tout comme un fil de fer, les cordes du gosier ;
Il plaint également le sort de la grenouille
Qu'il invite à quitter l'étang pour le cellier.

Il buvait en songeant à la vitre ogivale,
Où le Christ flamboyait dans ses chausses de feu,
Et croyait avaler, en vidant sa timbale,
Le velours vermillon des culottes de Dieu.

4.

Maurice Faure lit ensuite une pièce de Clovis Hugues sur les généraux de la République et encadre cette poésie,

qui obtient le plus grand succès, dans un éloquent discours où il met en parallèle les généraux du Dauphiné et de Gascogne, tous doués d'un égal courage, tous enflammés du même amour de la patrie.

Voici quelques-unes des belles strophes dédiées par Clovis Hugues à la ville de Lectoure :

> *Salut, ville dix fois guerrière,*
> *Nid d'aigles, berceau des géants !*
> *Porte-glaive et porte-lumière,*
> *Dompteuse des gouffres béants !*
> *O toi qui, lorsque la Patrie*
> *Défendait sa lande fleurie*
> *En créant partout des héros ;*
> *Fis jaillir de tes flancs épiques,*
> *Dans le vaste ouragan des piques,*
> *Tout un groupe de généraux !*
>
> *Qui sait, ville simple et superbe*
> *Si ton âme qui s'envola*
> *Ne frémit pas dans les brins d'herbe*
> *Sur les plateaux de Stradella ?*
> *Qui sait si parfois, quand la lune*
> *Argente, au bas de la nuit brune,*
> *La feuille errante du bouleau,*
> *Tu ne t'en viens pas, toute seule,*
> *Rêver du passé dans la gueule*
> *Du vieux lion de Waterloo ?*

Reste petite, mais sois fière :
Les peuples sont vaillants et forts,
Quand ils respectent la poussière
Des ancêtres qui sont bien morts ;
Et c'est pourquoi le pauvre barde,
Heureux d'arborer ta cocarde,
Oubliant un peu ses pipeaux,
Te fait, devant l'aube dorée,
Chanter par la lyre sacrée
Et saluer par les drapeaux !

Mentionnons les feux d'artifice, les illuminations publiques et le bal de la place d'Etigny où chacun s'en donne à cœur joie.

Nous avons parlé de la cathédrale : dans le chœur de la vieille basilique, une stalle reste toujours inoccupée, c'est celle réservée à M. Carnot, car le chef de l'État, d'après les anciennes chartes de Gascogne, est de droit chanoine du chapitre d'Auch.

Nous avons souvenir que, pendant l'expédition des *Mille*, Garibaldi, dictateur des Deux-Siciles, se trouvait à Palerme le jour de la fête de Sainte Rosalie, ce jour là, le souverain concentrait en sa personne le pouvoir temporel et le pouvoir spirituel.

C'est à cette circonstance que Garibaldi dût d'être Pape un jour. Notre vaillant ami Bordone, l'un des généraux les plus intrépides et les plus ineptement calomniés de la Défense Nationale, le véritable organisateur de l'armée des Vosges, qui dirigeait les opérations stratégiques, trouva l'incident si amusant qu'il en prit un dessin.

Il a bien voulu nous le communiquer : le cardinal Panebianco, l'un des prélats dont le nom fut prononcé à la mort de Pie IX, comme un de ses successeurs probables concurremment avec celui du futur Léon XIII, est en train de donner de l'encensoir au héros des Deux-Mondes.

TARBES

TARBES

Une brise légère adoucit la chaleur étouffante des premiers jours ; mais voici que bientôt les nuées s'épaississent. Allons-nous retrouver ici le climat ordinaire des villes septentrionales ? Les nuages s'amoncellent, nous empêchant de savourer comme il convient la joie de passer sous des arcs de triomphe dressés en notre honneur à l'entrée des villes, comme à Auch, et d'entendre les ovations dont nous sommes l'objet à toutes les gares du parcours, entr'autres à Mielan, dans le Gers, et à Vic-en-Bigorre, où les fanfares font rage.

A partir de Rabastens, la séparation de la Gascogne et du Bigourdan se manifeste extérieurement par des toits d'ardoise et des murs de pierre, succédant aux tons rouges de la brique et de la tuile.

Le jeune coloriste Charles Maurras, a fort bien noté cette impression à propos de Montauban, qui lui est apparu comme la Mecque de la brique :

« Montauban restera malgré tout dans mon souvenir la

Ville des roses, le rendez-vous de tous les roses, la cité symphonie en rose majeure. Avant que d'entrevoir ses murs, s'effilent tout d'abord les jambes de chair rose de

ses forêts d'ormeaux ébouriffés au vent du soir et sous le baiser rose du soleil qui s'en va ; forêts sans fin, poussées en bande mince tout le long des cours d'eaux et qui, lointaines, semblent des fuites de dryades sur le fond ténébreux des mythologies. — Et, quand les bois s'arrêtent au seuil de la Cité, d'autres vibrations d'aurore naissante ébauchent un clair rêve de ville égyptienne, les murailles rosées que l'on dirait bâties, des fondements aux faîtes, avec du granit rose : ce n'est que de la brique et l'effet, comme la solidité, n'en est que plus méritoire. La brique, ici, est l'ouvrière universelle. Elle fait tous les frais des palais, de musées, des hôtels de ville. Elle prie aux arceaux des églises et, par ogives fantasques, saute à plusieurs reprises les eaux sombres du Tarn. Elle se fait muraille de prison, arche du pont, clocher, maison bourgeoise et même rempart. Le prince Noir logea dans ses forteresses d'argile cuite ; les Calvinistes s'y défendirent un siècle, car il est permis de penser que les ouvrages démolis et rasés par l'ordre de Richelieu ressemblaient à ceux dont voici les ruines, la Gascogne n'étant pas, au treizième siècle, beaucoup plus riche en granit qu'au dix-septième siècle ou qu'au nôtre. Et le soleil, qui a séché toutes ces briques, s'est amusé, de saison en saison, à les embellir en les pâlissant. Leur rouge vif s'atténue à la longue jusqu'au rose le plus délicatement dilué. Mais ça et là, des propriétaires ont jugé à propos de blanchir au lait de chaux quelques rangs de façades, et cela fait, dans cette masse rose, des rires clairs pareils à l'ivoire des dents dans l'ourlet saignant des gencives ».

Nous voici arrivés à Tarbes par une pluie battante : c'est un vrai désastre... Mais peut-être aussi une délicate attention des éléments, car la forte chaleur aggravant les fatigues du voyage, la phalange cigalière laisse des malades en route. La pluie ennuyeuse mais bienfaisante nous dispensera d'organiser une ambulance avec oriflamme où la cigale d'or serait fixée à la croix de Genève.

Après un échange d'allocutions et de discours entre M. le maire de Tarbes, le président de la société académique des Hautes-Pyrénées et le président de la Cigale, M. Henry Fouquier, on se rend à la maison natale de Théophile Gautier, où l'on entend une charmante poésie de M. Paul Lavigne. Le propriétaire actuel est M. Candellé Bayle, procureur général à Nîmes, dont on n'a pas oublié l'énergique réquisitoire dans l'affaire Numa-Gilly.

Du seuil de la porte, il prononce un discours d'une savoureuse éloquence, plein de familiarité et d'élévation, où il raconte la jeunesse du grand poète, des souvenirs où le charme le dispute à l'émotion.

A Tarbes, donc, réception cordiale, mais ciel gris : nous avons trop médit du beau temps, le ciel boude, la pluie menace, nos hôtes Bigourdans sont consternés. A travers ce voile de brume grise ils ne pourront pas faire à leur gré les honneurs des sublimes lointains dont, paraît-il, leur ville s'entoure.

En avant quand même ! Le déjeuner, d'un pantagruélisme tout local, servi par des bonnes en costume qui, avec leur pittoresque cornette, leur gorgerin d'étoffe rouge, rappellent les hollandaises commères de Van Cuyp, nous attend sous les beaux ombrages du jardin Massey. La table est dressée en pleine verdure, et, quand les fourchettes cessent de tinter, quand les musiques ou les chœurs se taisent, on entend le murmure des conversations.

C'est l'heure du banquet organisé par la municipalité : les tables sont dressées sous des tentes dans le magnifique jardin Massey. Nous avons la bonne fortune d'y retrouver un ancien ami de Paris, M. Sabail, qui depuis s'est fait une place distinguée au barreau de Tarbes et dont la famille fut alliée à celle de Barrère. Sa fine et spirituelle conversation, sa vaillante humeur ont fait de cette bonne journée une de celles que l'on marque volontiers d'une pierre blanche.

Après des toasts du maire et de M. de Cardeilac, un de nos amis salue le souvenir de l'ancien membre du comité de Salut public, Bertrand Barère de Vieuzac, dont la parole ardente enflamma le courage des volontaires de 92 et rappelle que quelques années avant d'être envoyé par les patriotes des Hautes-Pyrénées à la Convention nationale, Barère, félibre avant la lettre, cigalier du dix-huitième siècle, était mainteneur des jeux floraux de Toulouse, et avait écrit en dialecte bigourdan des vers pleins de fraîcheur et avait composé l'éloge de Goudouli.

C'est vraiment trop beau, et nous avons tort de tenter Dieu. Dieu, qui est bonhomme, nous laisse achever le repas et même déguster, après le champagne, un verre de fin Armagnac. Mais dès qu'a sonné l'heure des toasts, une subite averse, non pas une averse, une trombe, s'abat, noyant tout, coulant en cascade, crevant de son poids la toile des tentes et mettant en fuite les plus braves à travers le jardin qui se transforme en lac.

J'ai trouvé abri grâce à un cèdre centenaire dont les branches basses affleurent le sol. La pluie ici ne pénètre pas, et je m'assieds calme et résigné sur un tapis épais et sec d'aiguilles tombées. A travers les ogives de verdure, on détache dans le brouillard le buste du bon poète Gautier. — Nos amis, là-bas, le parapluie en main, gesticulent sur une estrade. Des périodes, des fragments, des vers nous arrivent...

La pluie tombe à torrents lorsqu'on lève le voile qui recouvre le monument.

L'infatigable président de la Cigale apprécie en traits saisissants toute l'admirable œuvre poétique et littéraire de Gautier:

« Théophile Gautier était né à Tarbes, d'une famille du Comtat. Sa race et sa naissance furent sans doute pour quelque chose dans le double caractère de son génie. La Provence lui donna le sens admirable de l'harmonie hellénique, qui fait de lui un classique: il reçut de votre ciel, de votre sol, de vos montagnes, de la tradition espagnole, à laquelle Victor Hugo après Corneille dut tant le don du pittoresque, le goût de la couleur, l'instinct des audaces heureuses, l'allure cavalière de son imagination, qualités si naturelles en lui qu'on peut se demander jusqu'à quel point le mouvement romantique fut nécessaire pour lui ouvrir des chemins où il marcha d'un pas tellement assuré qu'il semblait frayer la route et non pas y suivre un maître !»

Armand Silvestre, dans des strophes éblouissantes, dites avec un art infini, célèbre la gloire du Maître et soulève un tonnerre d'applaudissements :

> *Rabelais par le rire, et par le rêve Homère,*
> *O toi qui, morne ou gai, n'adoras que le Beau,*
> *Toi qui de l'idéal poursuivant la chimère,*
> *En emporta le mal jusque dans le tombeau.*
>
> *Ouvrier dédaigneux de toute œuvre fragile*
> *Qui, dans ces temps hâtifs, à l'art sacré pervers,*
> *Ne laissant que tes pas s'empreindre dans l'argile,*
> *Sculpta dans le Paros le moindre de tes vers.*
>
> *Cette pierre où tes traits ont mis leur harmonie*
> *Est signée, ô Gautier, de ton nom triomphant,*
> *De filiales mains qu'anima ton génie,*
> *T'ont fait dans cette image à jamais revivant.*
>
> *Enfant du ciel antique et d'une race élue,*
> *Et qui de quelque honneur mêlas notre destin,*
> *Comme aux pieds d'un autel un peuple te salue,*
> *Gautier, fils du Soleil, gloire du sang latin !*

Après un sonnet d'Elie Fourès et de Fernand Mazade, vient le tour des félibres avignonnais : ils ont pris pour éloquent interprète le beau poète épique Félix Gras, il vient rappeler que si Tarbes a le berceau de Gautier, c'est la cité papale qui possède sa maison paternelle, bien humble, bien petite ; que c'est là où il chassait des cigales, où il vit avec son œil de poète le bleu profond du grand ciel de Provence, où il put courir à travers les collines et les vallons que l'olivier argente et qu'embaument les pins, où il eût certainement la vision de l'Italie, de l'Espagne et de la Grèce :

« Voilà pourquoi, mon maître, aujourd'hui que l'Histoire grave son nom sur le marbre et l'airain, le félibre t'apporte le laurier de la gloire, olivier et laurier jamais flétris.

» Dans le calme de la paix, ta belle âme sereine — dormira éternellement d'un repos divin — car éternelle sera la gloire attachée — à ton œuvre qui brille ainsi qu'un firmament. »

Cette admirable poésie provençale obtient le plus grand succès. L'un des auteurs du beau monument, M. Henri Bouillon, était présent à la cérémonie. Il a reçu double provision de compliments pour lui et pour son éminente collaboratrice, Mme Judith Gautier.

Tout compte fait, la fête fut charmante, mais n'importe, nous voudrions bien voir les Pyrénées !

BAGNÈRES — ARGELES — SAINT-SAVIN
LUZ — SAINT-SAUVEUR
GAVARNIE

BAGNÈRES — ARGELÈS — SAINT-SAVIN
LUZ — SAINT-SAUVEUR
GAVARNIE

Nous inaugurons toujours, avec une sombre énergie, mais le ciel, décidément, semble vouloir se mettre contre nous. La cigale, hélas ! a les ailes mouillées.

A Bagnères-de-Bigorre, où il s'agit d'immortaliser un poète et un musicien, gloires locales, dans le grand salon du Casino, tandis que la pluie tombe, et que nous nous réconfortons d'un punch gracieusement offert, la fleur des beautés bigourdanes danse en notre honneur avec MM. les officiers. Non loin de là, dans un salon moindre, ouvert, dit un avis « aux dames étrangères », des joueurs très graves procèdent aux rudes labeurs du baccara. En notre honneur, sans doute aussi ! Depuis quelque temps tout ce qui se fait, se fait en l'honneur des félibres.

Nuit grelottante dans ce creux de montagnes boisées d'où tombe une humide fraîcheur. Et des couvertures d'un mince ! A Bagnères, les hôteliers ont la superstition du climat.

Par les rues, le matin, un océan de boue. En attendant la séance littéraire, qui fut brillante, essayons de tuer le temps en nous faisant cirer. Les décrotteurs de ce pays usent, pour appuyer la botte, de selettes en bois, formant trépied, qui sont les plus originales du monde.

Entre deux séances de décrottage, nous nous promenons ruisselants et résignés à travers la ville. Les promenades en sont belles, surtout celle des Coustous plantée de tilleuls et de grands platanes. L'église est belle aussi avec son profil sarrazin et la cage en fer de son clocher d'où s'égrène un carillon sonore.

Au marché où de mignons bourriquots gris se laissent égouter, tête basse, la queue luisante, on vend des fraises, des framboises. Des femmes enveloppées d'un long sac noir, en laine rude, pareil au haïck des Arabes, se tiennent debout, immobiles, présentant un fromage, deux œufs, sur la paume de leur main ouverte.

Dans une boutique, on vend des souvenirs des Pyrénées. Ces souvenirs consistent notamment en poteries niçoises pour étagères, en clochettes suisses, en mosaïques italiennes, tout le lamentable bric-à-brac d'un cosmopolitisme ennuyé.

Après une rapide visite sous un ciel inclément, à la vieille chapelle des Templiers, et à la maison de Marguerite de Navarre, aujourd'hui la demeure d'un brave charbonnier, nous nous dirigeons sur Argelès, tandis que les cloches de Bagnères exécutent, avec des sonorités d'enclumes, un air de fantastique rigodon qui semble accompagner la danse de cyclopes invisibles.

Chemin montant et pittoresque. De grands noyers, de grands châtaigniers plantés dans de hautes fougères. Des prairies en pente, d'un vert tendre, très arrosées; avec moins d'herbe que de fleurs. Et, le ciel s'étant éclairci, voici que les Pyrénées apparaissent, dressant, sous la caresse du soleil enfin désénuagé, leurs pics où, dans les creux, un peu de neige reste encore.

On entre dans Argelès en saluant — malgré les restrictions de quelques Jacobins de la bande — la tour de Vieuzac et le souvenir du conventionnel Barrère.

Ici les toits en ardoise dominent; et je me rappelle qu'en

effet, çà et là, au long du chemin, des ardoisières tachaient d'écroulements noir-bleu le vert continu des montagnes.

Fête au Casino, comme à Bagnères ! Chaudes jusqu'à présent, les réceptions, en cette région enrichie par les baigneurs, menacent de devenir thermales.

Mais le Casino est charmant au milieu de ce beau parc illuminé où, partout, des eaux courantes chantent, invisibles.

Au cours d'une soirée artistique et littéraire offerte par la municipalité d'Argelès, nous avons eu la bonne fortune d'entendre les chœurs pyrénéens des chanteurs montagnards, l'orchestre de l'Opéra-Comique, dirigé par M. Danbé et d'assister aux danses pittoresques des balladins de Saint-Savin, dans leur costume si original et si gracieux, au milieu des drapeaux et des flammes de bengale. Là viennent nous rejoindre de nouveaux amis, Lissagaray, Calvinhac, Alexandre Duchier, le joyeux chevalier de la Tarasque, Sabail, porteur de vers délicieux de Jean Floux et, le lendemain, sur l'herbe fleurie, au milieu du murmure des gaves gazouilleurs, nous allons rendre hommage à d'Espourin.

Les baladins de Saint-Savin sont venus nous régaler de leurs danses. Ces danses, avec un peu plus de complications et peut-être un peu moins de grâce, font songer à celle des farandoleurs provençaux. Le musicien qui les accompagne tient le flûtet de la main gauche comme font nos tambourinaires ; seulement, au lieu du tambourin, il tient, dans le creux du bras, une manière de longue lyre dont il fait bourdonner les cordes en les frappant d'un bâtonnet.

Tout cela est fort curieux : le lendemain, au pied des cimes lumineuses, car le soleil qui s'était caché par coquetterie apparaît éblouissant plus que jamais, Henry Fouquier, très en verve, salue le héros qu'il s'agit d'honorer.

Pour réjouir les mânes idylliques de d'Espourin, devant le monument modeste que ses compatriotes lui ont consacré, les chanteurs montagnards chantent des chansons gasconnes et Mounet-Sully, qui vient de rejoindre la bande, jette aux échos pyrénéens, avec des sonorités d'épées choquées, les vers où M. de Bornier raconta l'histoire de Joyeuse et de Durandal.

Des intrépides ont poussé leurs excursions jusqu'à Luz, St-Sauveur, et Gavarnie. Elie Fourés figure parmi les plus enthousiastes :

« La grande cascade, raconte-t-il, s'évapore en brouillard dans l'air bleu, là-haut, en pleine région des nuages : elle glisse le long des parois formidables et rebondit, en écumant, à chaque saillie du rocher. Çà et là, un petit arc-en-ciel se déploie, s'efface et reparaît plus brillant, plus léger. Des fleurettes, les unes jaunes d'or, les autres bleu de ciel, lèvent leurs fraîches corolles du milieu des pierres et des cailloux et mettent une note gaie et souriante dans ces sites grandioses et terribles. On passe sous un pont de neige durcie qui ne fond jamais. L'air est très vif; nous sommes à plus de 1,450 mètres d'altitude et, sur nos têtes, les pics étincelants montent à des hauteurs vertigineuses, au-dessus des nuées. Là-haut trônent le Marboré, le Taillon, l'Astazou, le Gabiétou, le pic des Sarradets. C'est le plus énorme massif des Pyrénées. C'est là que les convulsions souterraines du feu central ont primitivement déployé le plus de sauvage énergie et de farouche violence et poussé vers les cieux les plus fiers sommets, les pics les plus altiers.

Le ruissellement des cascades autour du cirque produit un murmure d'une douceur et d'une harmonie exquises. Le **Gave** arrive en trois bonds sur le rebord de la gigantesque muraille, et se précipite d'une hauteur de 422 mètres vers le fond du gouffre où d'autres torrents, épars, flottant en vapeur blanche dans l'air bleu, viennent le rejoindre et troublent le morne silence de cette vaste solitude. »

PAU — OLORON

PAU — OLORON

Les événements se succèdent avec une telle rapidité qu'ils nous apparaissent comme une succession ininterrompue et inouïe de rêves enchantés. Il est bien difficile de raconter une fête lorsqu'une nouvelle se prépare et aussitôt vient vous saisir : on ne saurait être à la fois historiographe et acteur...

Et pourtant elle a été charmante, et de tous points, cette arrivée à Pau, avec les voitures municipales qui attendaient, avec la surprise, — machinée ainsi qu'un rideau se levant sur un décor — des grandes Pyrénées soudain apparues dans l'encadrement des deux fenêtres de la chambre d'hôtel où l'on nous conduit.

Nous admirons, tout éblouis, le lit du Gave en premier plan, en second plan des collines vertes, et, tout au fond, à la fois gigantesques et idéales, la succession des hautes cimes couleur d'améthyste sur le bleu du ciel.

Le maire de Pau nous fit, certes ! un bien spirituel discours, et nous offrit une bien agréable fête de nuit dans le parc Beaumont étincelant de mille feux, résonnant de mille musiques.

M. Pierre Laffite, l'éminent directeur du positivisme, avec une grande hauteur d'esprit, et un bonheur d'expression sans égal, retrace les grands services rendus par Henri IV à la patrie.

Paul Arène, invité à prendre la parole, quoique peu amateur de ces corvées, avait dû s'exécuter à son tour ; un ami lui avait fait l'agréable surprise — ou la malicieuse plaisanterie — d'annoncer qu'il venait à Pau, muni de pleins pouvoirs, comme ambassadeur extraordinaire auprès du roi Henri, de notre reine Jeanne, souveraine idéale des Cigaliers et des Félibres.

Il ne put se dérober à une aussi galante mission et s'en acquitta de son mieux, brièvement et familièrement, à la provençale.

Ce n'était pas chose facile au milieu du décor fleuri de ce beau parc, à quelques pas du château que bâtit Gaston

Phœbus, plein de souvenirs de courtoisie amoureuse et de gloire, qui vit naître le Béarnais et où, dans le calme des belles nuits, souriante comme quand elle accueillait les penseurs et les poètes à sa cour, ou mélancolique comme après Pavie, erre encore l'ombre charmante de la première des Marguerites.

Paul Arène donc, s'exprima à peu près en ces termes :

« En m'excusant de retarder — oh ! pour quelques minutes seulement — le discours attendu, et dont il est facile de prévoir la haute portée historique et philosophique, de notre éminent et vaillant compagnon de pèlerinage, Pierre Laffitte, permettez que je vous présente mes lettres de créance et vous expose le sujet de cette chimérique ambassade au sérieux de laquelle, entre nous, je commence à croire.

» Henri et Jeanne eurent tous les deux ce rare destin d'être aimés du peuple pendant qu'ils vivaient et ce bonheur plus rare encore d'être aimés davantage après leur mort.

» Pourquoi ? Parce qu'eux aussi savaient aimer. Henri, pour roi qu'il fut, Henri eut l'âme populaire et tout en menant à bien ses grands desseins, au sortir du conseil et de la bataille, s'inquiétait du bonheur des humbles ; Jeanne fit de même avec ce qu'ajoute à la douceur de cœur un peu de grâce féminine.

» Aussi disons-nous : *Nosto bello Jano*, comme vous dites : *Lou nouste Henric !*

» Votre Henri est aussi le nôtre ; votre Henri est à tous, la patrie le revendique et ce n'est pas sans émotion que nous saluons ici le généreux Béarn qui fit un tel don à la France.

» Hélas ! toute province ne peut s'offrir des munificences pareilles. Notre reine Jeanne n'est qu'à nous, les Provençaux ; et son nom, qu'après quatre siècles se redisent encore nos paysans, ne rayonne guère au-delà du Rhône. N'importe !

» Si Henri IV, dans le jour clair de notre commune histoire personnifie glorieusement l'aurore de cette unité française, que 89 acheva, Jeanne sous le vague et tremblant reflet de souvenirs un peu légendaire, symbolise pour les paysans de Provence et pour nous, Cigaliers et Félibres, le culte des choses du passé.

» Transfigurée dans le lointain des âges, Jeanne de Naples, notre Jeanne est devenue comme la fée gardienne de mille touchantes et vieilles choses auxquelles par entraînement ingénu, par raison aussi et librement, nous avons voué un culte pieux : les traditions du foyer, les vieux parlers, les vieux costumes, tout ce qui enfin — au profit certes de la grande — nous apprend à aimer mieux la petite patrie.

» L'unité, œuvre d'Henri IV, fait forte notre mère commune et fils bâtard serait celui qui songerait à y toucher ; mais c'est la variété, c'est le mélange heureux des tempéraments et des races qui, entre toutes les nations, la fait belle.

» Que la France reste forte, que, fidèle à ses destins, elle continue son fier chemin à l'avant-garde de l'histoire, mais aussi qu'elle reste belle ; les ciselures du pommeau n'enlevaient rien à la trempe de Durandal.

» Jeanne était, nous dit-on, charmante ; Henri galant et même vert galant, quoique rude guerrier. L'hommage de Jeanne ne lui eût point déplu. Qu'Henri s'accorde donc avec Jeanne. C'est notre vœu, c'est le vôtre aussi, — et la France ne peut qu'y gagner.

» Et pour terminer en une langue qu'Henri eut comprise, car il aimait parler gascon :

» — *Au bon Henri, un pouloun de la reino Jano.* »

Cette improvisation terminée, des poètes locaux, pleins de talent, nous disent des vers béarnais d'une couleur chatoyante et d'un charme entraînant.

Puis, quelle délicieuse escapade à Oloron, à travers des vallées où l'eau claire des monts court, chante et se rue en cascades, pour assister au couronnement du poète populaire Navarrot dont le sculpteur Escoula a coulé en bronze la gouailleuse et souriante effigie.

Jamais de notre mémoire et de notre cœur ne sortira le souvenir de l'admirable réception qui nous a été faite à Oloron, perle fine ayant les Pyrénées pour écrin, non seulement de la part de la municipalité, mais encore de la population toute entière. Nous ne sommes restés que quelques heures dans cette charmante cité, mais je le répète, elles seront inoubliables.

Après de savoureux discours du maire d'Oloron, de l'éloquent député des Basses-Pyrénées, M. Barthou, de M. Sextius Michel, un lunch était servi à la mairie où un toast a été porté à la presse par le secrétaire de la Cigale, et tandis que nous sablions le vin de Jurançon, M. Georges Niel a prononcé, en sa double qualité de journaliste et d'ancien administrateur de la ville d'Oloron un speech plein d'émotion et d'humour.

A la gare, où nous sommes partis à regret, la population féminine, rivale en beauté de celle d'Arles, race fine et exquisement cambrée, s'est donné rendez-vous à notre départ, et là, tandis que la locomotive sifflait, les cris de : « Vive Oloron ! Vivent les femmes d'Oloron ! » se sont fait entendre, des baisers ont été échangés dans l'azur et je sais bien des félibres et des cigaliers qui ont demandé à voir creuser leur tombe dans cette fraiche vallée, désireux d'y vivre et d'y mourir. . . . . .

Une fois rentrés à Pau, on voulut nous entraîner vers Betharan, lieu de pèlerinage jadis fameux, que Lourdes a détrôné. Mais il faisait si chaud, l'air était si bleu, que quelque diable nous tentant, nous avons donné la préférence au hameau voisin de Jurançon, où, sous une tonnelle, en compagnie de Calvinhac, député d'ailleurs socialiste, nous vidâmes un verre de vin couleur d'or à la mémoire du roi Henri.

De Pau, l'on se dirige sur Bayonne pour y prendre un peu de repos. Certains pourtant, après une cordiale et familière réception chez le cigalier Aristide Astruc, grand-rabbin de la circonscription israélite du sud-ouest, partent le soir en voiture pour Biarritz, où ils ont admiré de la côte des Basques les phosphorescences de l'Océan, et imprégné d'air salin leurs poumons poussiéreux.

SAINT-SÉBASTIEN

SAINT-SÉBASTIEN

Et maintenant, nous voici en Espagne.

Nous avons brûlé Bayonne et Biarritz ; Bayonne où nous avons eu le temps d'admirer « sous la pâle clarté qui tombe des étoiles » cette porte de France — si belle dans sa militaire lourdeur, — et que, naturellement, les hommes de progrès songent à détruire ; Biarritz où, après huit longs jours de circulation cellulaire et accélérée, l'on a pu délicieusement respirer l'embrun des grandes vagues venues d'Amérique, et flâner la nuit sur une plage humide, coupée de flaques d'eau de mer dont la phosphorescence s'allumait autour de nos cannes ; nous avons brûlé Hendaye où mûrissent les pommes à cidre, et enfin Irun, où apparaissent les premières femmes portant mantille, et où nous éprouvons une joie toute romantique à voir passer certains militaires qu'on appelle des miquelets.

San-Sébastian ! *Bienvenida* à la gare par une délégation

de l'*Ayuntamiento* et des sociétés littéraires. L'hôtel de ville est magnifique, d'un grandiose tout espagnol. A l'entrée, des musiciens en costume local, armés de très longs fifres et de tout petits tambourins, exécutent des airs bizarres; le long de l'escalier, des sergents de ville tout de noir vêtus, la main à leur casque de cuir; en haut, des massiers héraldiques et mordorés comme ceux du lord maire, se rangent pour nous faire honneur...

Nous étions partis de grand matin vers la frontière d'Espagne; les députés Millerand et de Lanessan s'étaient joints à la cohorte cigalière. Toutes les difficultés avec la douane et le service sanitaire avaient été aplanies d'avance, et nous n'avons eu qu'à nous laisser conduire dans un salon, pavoisé aux couleurs espagnoles et françaises, où les présentations ont lieu.

Le président de l'*Ayuntamiento* adresse de chaleureuses paroles de bienvenue à ses hôtes et les invite à se rendre à la *casa consistoriale*. Dans la voiture de l'*alcade mayor*, montent les présidents de la Cigale et des Félibres; le consul général de France, M. de Saint-Sauveur, nous offre la

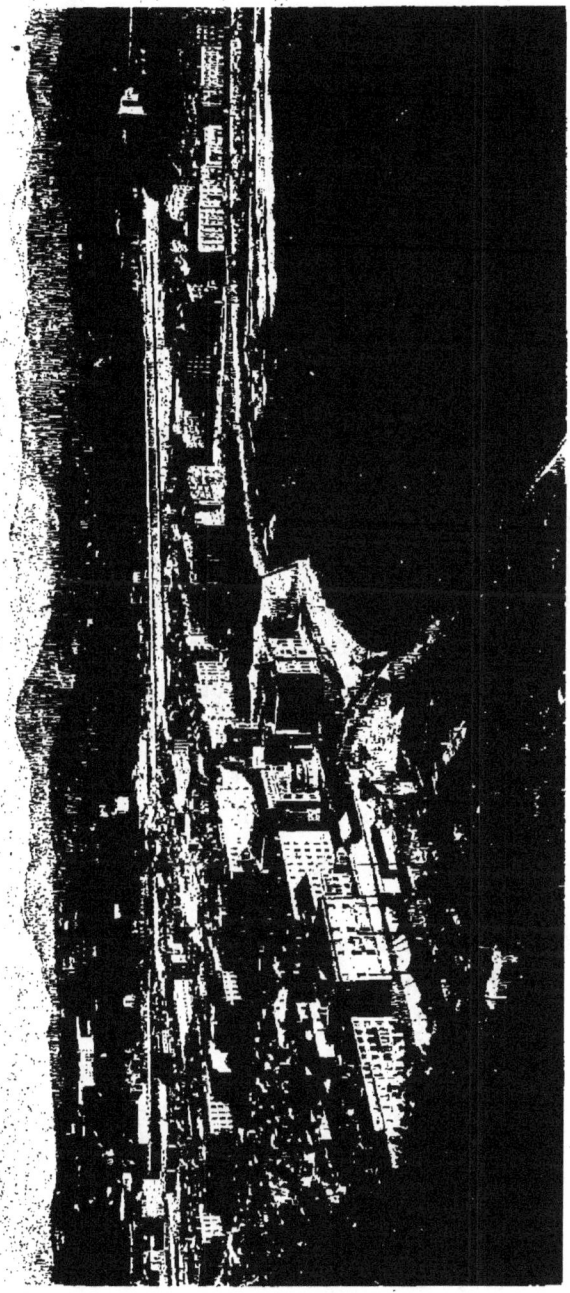

6.

sienne; le gouverneur de la province du Guipuscoa fait galamment monter les dames dans son landau, d'autres voitures suivent qui emportent les invités vers l'Hôtel-de-Ville, au milieu d'une affluence considérable.

La réception a été vraiment royale; employons le mot sans hyperbole puisque le cérémonial adopté a été le même que pour une visite de la reine. Sous le grand portail du palais, les timbaliers de la municipalité exécutent une gracieuse aubade de tambourins et de flahutets. Sur les marches du grand escalier, la milice municipale est rangée, la main portée à la visière dans l'attitude du salut militaire durant le passage du cortège.

A la porte du salon de réception se tiennent les massiers couverts d'or et de pourpre, la tête surmontée d'une couronne comtale, d'une allure sérieuse et grave désarmant l'ironie. On se croirait à la cour de Philippe II.

Dans la grand'salle, le conseil municipal est réuni sous un dais magnifique et l'*alcade mayor*, M. Samaniego prononce un discours charmant où il affirme la fraternité de la France et de l'Espagne.

De la *casa consistoriale* on se rend à la *diputacion provincial*. Les députés du Guipuzcoa nous attendent dans les salons somptueux de ce palais splendide.

Mais voici bientôt l'heure de la course de taureaux. La foule, avide de ce spectacle, se précipite fiévreusement vers les portes : soulevant des nuages de poussière. De brillants équipages traînés par des chevaux vifs comme la tempête, amènent les plus éblouissantes beautés d'Andalousie et de Castille. Les arènes de Saint-Sébastien, très spacieuses, sont construites au pied de vastes collines admirablement boisées. Les courses sont présidées par le second alcade de la cité, M. Lizarritury, qui nous en fait les honneurs avec une souriante courtoisie.

Six taureaux ont été dagués dans cette course par Angel Pastor et Espartero. Nous ne faisons pas le compte des chevaux éventrés. Le spectacle est horrible et superbe.

Le troisième taureau nous était spécialement dédié, ce qu'indique une devise plantée sur le dos de l'animal à l'aide d'une longue pique à travers une trappe placée au-dessus du toril.

Son nom est Bordador : c'est le plus brave, le plus sauvage, le plus hardi taureau qui jamais ait brouté les pâturages des environs de l'Escurial. Il est roux, rayé de blanc, et sa tête énorme respire la fureur. A peine est-il entré dans l'arène, que huit chevaux saisis sous le poitrail et enlevés dans l'espace roulent sur le sable, tripes au soleil, avec leurs *picadores*, précipités la tête la première ; les plus favorisés rentrent éclopés à l'ambulance, d'autres couverts de sang y sont péniblement traînés. Puis vient le jeu des banderilles.

Enfin Angel Pastor s'avance vers notre tribune et soulevant sa *mantera* dans un geste plein de noblesse et de grâce : « Messieurs, je vous dédie ce taureau, à vous, à vos amis, aux nobles dames que vous aimez ! »

Il dirige ensuite la pointe de son épée vers le taureau. Le coup est bien porté, à la bonne place, mais la lame est insuffisamment enfoncée ; le cœur n'est pas atteint et la noble bête, comme s'il ne se fut agi que d'une simple piqûre d'épingle se promène bravement dans l'arène, proposant la bataille, cherchant de nouveaux adversaires.

Les toréadors retirent l'épée avec leurs manteaux. Le second coup, également porté dans les règles, laisse la bête encore vivante et toujours irritée. Va-t-on faire grâce au noble animal ? Non ; il faut la mort du taureau à la foule qui applaudit, à toutes ces jolies femmes qui, avec leurs mantilles, paraissent descendues de tableaux de Goya, et qui agitent harmonieusement leurs éventails rouges, roses, bleu tendre.

À la troisième reprise, l'épée est enfoncée dans la nuque jusqu'à la garde. La bête pousse un pitoyable gémissement, vomissant l'écume et le sang; elle chancelle comme un homme ivre, tourne sur elle-même, fait effort pour rester debout, se cramponne à l'arène, mais tombe bientôt lourdement. Le *cachatero* vient lui donner le coup de grâce, et un équipage de mules frémissantes, harnachées de rouge, excitées par le fouet de muletiers basques à béret rouge, emporte la bête morte dont la tête regarde fièrement le ciel.

Le banquet offert par la municipalité de Saint-Sébastien, à l'Hôtel de Ville, a été splendide et a donné lieu à des manifestations d'une haute portée internationale. Il était présidé par le gouverneur de la province, portant en sautoir le grand-cordon de l'ordre d'Isabelle-la-Catholique. Auprès de lui, se trouve placé M. Henry Fouquier, également revêtu de ses insignes de député. La Société chorale entonne la *Marseillaise*, puis fait entendre des chants basques pleins de couleur.

M. Lizarritury, premier adjoint, qui s'exprime en français avec une facilité dont il n'y a pas lieu de s'étonner puisqu'il a fait ses études au lycée Henri IV, prononce un discours très applaudi.

M. Henry Fouquier se lève après le gouverneur de la province, propose la santé de la reine, et, avec un rare bonheur d'expression, cimente l'amitié indissoluble des peuples espagnol et français. On porte également la santé de l'aimable et habile consul de France, M. de Saint-Sauveur.

Viennent ensuite les poésies. Citons celle du neveu de Balaguer, notre ami don Juan Ensenat. Elle est consacrée à la glorification des Pyrénées :

O géants, qui, à travers les siècles — fûtes le centre de luttes et de prouesses, — et en vain, entre les ambitions et les haines — avez dressé une barrière de granit.

Réveillez-vous du sommeil léthargique dans lequel — vous tient plongé l'enivrement des batailles ; — secouez votre tête couronnée de neige — aux beaux rayons du soleil.

Un nouveau monde s'est formé autour — de vos sommets qu'escalada la guerre, — et aujourd'hui tout est paix, amour et lumière — là où tout fut ravages et ténèbres.

Voyez la vieille Aquitaine. Elle a été abattue — dans la terrible nuit du Moyen-Age — par trois lustres de croisade religieuse — et un demi-siècle de guerres intérieures.

Et comme si l'hécatombe n'avait pas été suffisante, — la sainte Inquisition, toujours assoiffée — de sang infidèle, pendant cinq siècles, — versa celui qui coulait encore dans ses veines.

Voyez-là. Rajeunie, vigoureuse, — pleine d'enthousiasme et de gentillesse, — elle répand dans vos versants fertiles — les riches trésors de sa vie nouvelle.

Au chant des modernes troubadours — son esprit poétique se réveille, — et elle joint sa voix au chœur majestueux — que les sciences et les arts chantent au Progrès.

Vos vallons, refuge du repos, — ne répèteront plus les échos de guerre, — et l'homme cherchera dans vos hauteurs — la purification de ses idées.

Cent poètes ont tiré de l'oubli — la douce, belle et expressive langue, — qui, à Lyon, à Rome et à Paris, comme hérétique, — fut proscrite par un tyrannique anathème.

Ceux qui célèbrent aujourd'hui sur — ton versant occidental une si heureuse Renaissance, — sont les petits fils de Bertrand de Born, Mortena, — Labarte, March et Guilhem de Tudella.

L'épée, inséparable de la lyre, — dut aider au triomphe de l'idée, — et ces héros écrivirent avec du sang — le plus beau de leur épopée.

Les bardes que vous voyez, rien qu'avec leur chant, — ont élargi les frontières de leur patrie, — et ils viennent signer un pacte d'alliance — avec leurs frères de la terre espagnole.

Hautes montagnes qui fûtes un rempart — contre la fusion des races et des idées, — soyez désormais un trait d'union entre deux peuples — qui se jurent ici une amitié éternelle.

Après cette poésie, les frères Lionnet ont joué délicieusement le *Chant des Basques*, et Mounet-Sully, qui se trouvait dans le pays de *Hernani* et de *Ruy Blas* comme en une seconde patrie, s'est véritablement surpassé : il a dit, avec son talent magistral, des poésies de Murger, de Hugo, de Musset et Théophile Gautier.

Ce matin, don Emilio Castelar réunira autour de lui quelques-uns de ses amis de France. Nous irons ensuite à la *partido de pelota*.

LE TAUREAU DE FEU

LE TAUREAU DE FEU

Les fêtes du Sud-Ouest se sont terminées, après la course de taureaux, par d'autres jeux populaires du Guipuscoa. Cette province est décidément l'enfer des taureaux qui, même après leur mort, servent encore à l'amusement des foules. La promenade du *Toro de fuego*, taureau de feu, sur la place de la *Constitucion*, a donné le signal des réjouissances générales et de danses assez semblables à nos farandoles de Provence, *fandangos* et *zorzicas* conduites au son des flûtes et des tambourins. Rien de plus divertissant que les circuits de cette Tarasque du Guipuscoa lançant des fusées et des pétards de tous les côtés et dont les cornes et le muffle se détachent en noir au centre des gerbes lumineuses, soulevant de tous côtés applaudissements, clameurs et rires.

Imaginez qu'à la fin d'un banquet, aussi cordial que magnifique, offert aux Français voyageurs par la municipalité et présidé, avec une espagnole *cortezia*, par son excellence *el gobernador de Guipuzcoa*, soudain les fifres chantent, les tambourins sonnent et des cris montent de la rue.

On laisse là les toasts, — ou, comme nous disons, les brindes, — on se précipite aux balcons. Le spectacle, certes, en vaut la peine.

Une place blanche, carrée, entourée d'arcades, vide il y a quelques instants, s'emplit en un clin d'œil de la plus joyeusement grouillante des foules. Des hommes, des enfants, des femmes. Tout cela se presse, crie et rit, dominant de son bruit la musique un peu essoufflée.

El toro de fuego! Le taureau de feu! Que diantre peut bien être ce taureau de feu?

Mais attention, le voici. Autant que j'en puis juger dans l'ombre, c'est un taureau en carton, de grandeur naturelle qui, porté par un homme dont on voit les jambes, et soutenu de droite et de gauche par deux forts gars coiffés du béret, chaussés d'espadrilles, s'en va gaiement au petit trot, dominant la foule de sa large tête cornue.

Fifres et tambourins marquent le rythme, un rythme entraînant, singulier, moitié farandole et moitié marche triomphale.

Le taureau a l'air bonne bête, on s'écarte devant lui sans trop de frayeur.

Tout à coup, une fusée s'allume sur son dos, puis une seconde, une troisième ; il est tout braise maintenant. Vivant feu d'artifice, ambulant incendie, le taureau entouré d'étincelles et de flammes va tranquillement son petit train. La joie se transforme en délire, les femmes courent à sa suite, et, au risque de roussir leur poil brun, les gamins, nu-pieds, le tirent par la queue.

Après avoir huit ou dix fois fait ainsi le tour de la place, le taureau enfin s'arrête. De nouvelles fusées éclatent, plus abondantes, plus nourries. Un soleil tourne sur sa tête, c'est le bouquet.

Immobile ainsi, le taureau apparaît dans une pose hiératique, évoquant des idées complexes d'idole d'Asie et de joyeuse inquisition.

En effet, pour recevoir le brûlant baptême les plus hardis passent et repassent sous la pluie de feu qui jaillit de ses flancs, tandis que la musique s'exaspérant, autour de lui, par toute la place, avec des claquements de mains, des cliquetis de castagnettes, des appels de pieds, des torsions de hanches, ses adorateurs dansent comme les israélites au désert dansèrent autour du veau d'or.

Il nous a ravis ce *toro de fuego*, monstre naïf aimé du peuple, tarasque des provinces basques.

A cause de lui, pour un peu, j'oubliais de vous raconter les vraies courses qui se sont données cette après-midi.

Angel Pastor, Espartero avec leurs quadrilles, six taureaux, bien armés et *bonitos*, dont l'un immolé en notre honneur, voilà d'agréables promesses.

La corrida les a tenues.

Nous avons vu l'alguazil à cheval, en costume Philippe II, demander à l'*alcade mayor* les clés du toril enrubannées, nous l'avons vu les rater au vol et se retirer accompagné de sifflets stridents et de huées.

Nous avons vu picadores et poseurs de banderilles rivaliser de force et d'adresse, nous avons admiré comme il convient la belle audace des « Épées ». Il est juste de constater que le triomphe de la journée a été pour un picador dont j'ignore le nom, héros à tête paysanne, qui, bousculé, roulé, revenant quand même à la charge, a eu trois chevaux tués sous lui, et n'a consenti à se retirer que sur l'ordre exprès du président des jeux.

Acclamé, bombardé de chapeaux mous et de cigares, il souriait aux dames, le bon picador, il boitait, il était heureux, et j'ai compris ce qu'est la gloire.

Il y a peut-être un peu trop de sang dans tout cela. Ces

cadavres de chevaux étendus, cette agonie, longue parfois, du taureau, l'épée plantée droit dans la nuque et chancelant, avant de s'abattre, comme s'il était ivre, a quelque chose qui, la première fois, étreint durement nos cœurs sensibles.

On s'y habitue, paraît-il, et les plus doux finissent par aimer ces émotions d'une héroïque cruauté.

Et puis le ciel est si bleu, la musique si alerte, les costumes sont si reluisants, les mules qui entraînent le taureau mort, au grand galop sur le sable rougi du cirque, si pittoresquement pomponnées ; et, dans l'immense rond de gradins où des milliers d'éventails palpitent, les yeux sont si noirs, les robes si claires, les mantilles si coquettement portées, qu'on en oublie presque le spectacle pour jouir, en le partageant, de l'enthousiasme et de la fièvre des spectateurs.

Or et sang, après tout, n'est-ce pas les couleurs d'Espagne ?

On nous convie, cette après-midi, à une *partido de pelota*, qui est le jeu populaire de Guipuscoa.

J'essaierai peut-être demain de vous décrire la chose en quelques lignes. Mais les fêtes sont bien finies ; j'ai cru les voir partir en étincelles et en fumée dans l'éblouissante et pétaradante apothéose du taureau de feu.

ÉMILIO CASTELAR

EMILIO CASTELAR

Un déjeuner intime avec don Emilio Castelar, chez l'aimable député de Lérida, M. Calzado, est venu clore toutes ces fêtes d'une manière imprévue et charmante. L'éminent homme d'Etat espagnol passe la plus grande partie de ses vacances parlementaires à la villa *Alma*, construite sur le penchant d'une colline couverte de verdure et de fleurs, dont la terrasse située en face de l'île Sainte-Claire, au centre de la plage, de la *Concha*, embrasse un vaste horizon de mer et de montagnes.

C'est là qu'il a composé plus de quarante volumes, qui ont assuré sa réputation d'écrivain au moins égale à sa renommée d'orateur. Car don Emilio a cette double qualité très rare d'être à la fois un des plus éloquents publicistes de ce temps et aussi l'un des plus corrects et des plus puissants manieurs de parole des Deux-Mondes. Son talent incomparable n'a jamais servi que les causes sacrées de la justice humaine et de la liberté.

Les convives étaient : MM. le Consul de France, le marquis de Saint-Sauveur, Sextius Michel, Henry Fouquier, Mounet Sully, Eschenauër (de Cette), Jules Gaillard, Jules Chapon, directeur de la *Gironde*, Calvinhac, le poète mayorquin Don Juan Ensenat, et M. Nilo Fabra, un publiciste distingué de Madrid.

On a vivement regretté l'absence d'Anatole France que des engagements, antérieurs à l'invitation, forçaient de rentrer à Paris. L'éminent rédacteur du *Temps* est un causeur charmant et disert ; bien qu'un peu étourdi au début de la tournée par le tapage, le mouvement et le bruit du Midi, il est devenu sans peine un cigalier convaincu : en attendant l'heure prochaine sans doute où il endossera l'habit vert brodé de l'Académie, il a fièrement arboré l'emblème harmonieux chanté par Anacréon et Homère. A quelle boutonnière pouvait-il aller mieux d'ailleurs qu'à celle de l'auteur si attique des *Noces Corinthiennes* ?

Au moment où nous pénétrons dans la villa *Alma*, un couple de bœufs roux est attelé, la tête ornée de feuillage, à une charrette à roues pleines, évoquant le riant souvenir des anciennes campagnes d'Athènes et du Latium, où Démosthène et Cicéron allaient se délasser des luttes de l'Agora et du Forum.

Les honneurs de la villa sont faits avec une grâce charmante par Mme Calzado, admirablement secondée par ses deux ravissantes jeunes filles Rosario et Consuelo. Don Emilio Castelar, plus jeune que jamais, vient vivement à notre rencontre, le sourire aux lèvres, les deux mains tendues, ayant pour chacun le mot qui lui sera le plus agréable.

A peine les premiers mots sont ils échangés qu'il commence par une déclaration de foi extrêmement cigalière : « Il n'y a, dit-il, de pays vraiment bénis du ciel que ceux où croit l'olivier et chante la cigale ! »

Et nous entraînant au bord de la terrasse, avec des mouvements de baleine joyeuse de s'ébattre dans l'eau bleue, un jour de clair soleil.

« Voyez cette mer admirable : c'est une merveille que ce spectacle éternellement beau et varié. Aussi n'ai-je aucune envie de sortir de la villa ; je ne quitte jamais cette terrasse. Lorsque Bismarck alla rendre visite à Napoléon III, alors en résidence à Biarritz, il poussa jusqu'ici, et, dans une lettre adressée à sa femme et publiée depuis, il ne tarit pas de formules admiratives dans la description de cette plage. Pourquoi irais-je me promener dans Saint-Sébastien ? Je vois tout d'ici. Voilà le palais que se fait construire la reine-régente : elle a acheté les terrains comme archiduchesse d'Autriche, ce qui n'indique pas une confiance exagérée dans la solidité de sa couronne d'Espagne ! Je vois chaque jour jouer le petit roi sous mes yeux. »

Et nous entraînant vers le pavillon de gauche, le puissant homme d'Etat, à l'encolure de lion, nous désigna du doigt le successeur de Charles Quint en train de creuser chétivement des trous dans le sable. Près de nous, cette puissante intelligence non utilisée aux choses du gouvernement pour lesquelles la nature l'a douée. A deux pas, cet enfant maladif au souffle duquel sont attachées les destinées de l'Espagne monarchique. N'est-ce point là tout le procès de la royauté ?

Mais, inutile de s'attarder aux réflexions philosophiques ; le déjeuner est servi, et, devant nous, vont circuler, arrosés des vins les plus généreux de la péninsule, les plats les plus exquis de la cuisine ibérique : sardines pêchées dans le golfe de Biscaye, riz à la *Valenciana*, la brandade espagnole ou *baçalado à la Vizcaina*, la pastèque savoureuse et le fin muscat. Assis à la droite de la maîtresse de la maison, Castelar, doué d'un formidable appétit, boit et mange largement. Sans perdre une bouchée, il vante avec des gestes et une mimique de connaisseur les plats de son pays et proclame la supériorité de la cuisine à l'huile.

« C'était aussi l'avis de M. Thiers, nous dit-il. Un jour, il me demande si j'avais goûté de l'huile de M. Mignet. Je connaissais Mignet comme un grand historien, mais j'ignorais qu'il fabriquât de l'huile. Aussitôt, M. Thiers ordonna d'en apporter et comme j'en faisais l'éloge, il me donna l'assurance que, pour lui, il serait toujours fidèle à l'huile et... à la République. » A cette époque, le libérateur du territoire était très circonvenu par les partisans de la monarchie.

A partir de ce moment — et nul ne s'en plaignait — la conversation n'a plus été qu'un long discours, avec une extraordinaire exubérance de gestes, dans lequel le plus félibre des félibres, j'ai nommé Castelar, est passé tour à tour des sujets les plus familiers aux anecdotes les plus amusantes et aux questions les plus hautes de la politique contemporaine.

Castelar adore tout de l'Epagne, à l'exception de ses jeux sanglants. Il n'a jamais assisté qu'à une seule course de taureaux, encore était-ce pour céder aux instances de la maîtresse de céans, et après avoir vu ce cruel spectacle, son instinctive répulsion subsista.

Il vous abandonnera les taureaux, mais qu'on ne touche pas à la cuisine populaire. Alexandre Dumas père ayant écrit qu'il était absolument impossible de manger en Espagne, le grand orateur invita l'illustre romancier, lui fit servir une délicieuse brandade, spécialement préparée par les mains habiles et expertes de sa sœur, et Dumas dut faire très galamment amende honorable. Avec quel enthousiasme il brandit sur sa tête, dans l'azur du ciel comme ferait un musulman fanatique du croissant de l'Islam une tranche de pastèque : « Voyez, s'écrie-t-il, les couleurs de l'Espagne ! on les dirait sorties de la palette de Murillo ! »

Castelar nous raconte le voyage de Gambetta à Madrid, pendant son séjour à Saint-Sébastien, son amertume hautaine en rappelant le nom des amis communs qui l'avaient abandonné, son désespoir en face des malheurs de la patrie, ses craintes pour l'avenir de la République.

De la terrasse où le déjeuner était servi, l'on passe dans la salle de billard où café et liqueurs nous attendent, et tandis que nous humions avec bonheur les bouffées rafraîchissantes de la brise du golfe qui vient se jouer dans la douce fumée de nos havanes, Castelar — l'unique député espagnol continuellement réélu sans interruption depuis plus d'un quart de siècle, qui, après chaque élection, avec une certitude tranquille, va prendre place aux Cortès sans avoir cherché de collège électoral — Castelar nous dit son avis sur les choses d'Espagne.

La reine régente, qui a su se faire aimer du peuple espagnol, a commis, à son avis, une faute capitale en remplaçant Sagasta par Canovas del Castillo qui, au bras de la marquise de Bedmar et perdu dans la foule, assistait, la veille, sur le quai de la gare à l'arrivée des cigaliers. On le verra aux prochaines élections. Les républicains gagneront des sièges et Castelar ne serait pas autrement surpris s'ils obtenaient la majorité au Parlement, majorité en tous cas amie de la France.

Castelar croit à l'alliance forcée de la France et de la Russie : le gouvernement du tsar n'est peut-être pas enchanté de se trop rapprocher du foyer des idées libérales ; mais il y est forcé par les populations qui se plaignent de l'envahissement des Allemands dans l'empire moscovite. Pour les Russes, l'alliance avec la France est bien plus tôt une question intérieure qu'extérieure.

Au risque d'être appelé utopiste, Castelar espère voir régler par l'arbitrage international bien des questions irritantes de la politique européenne. L'Allemagne doit reconnaître la grave faute commise, après 1870, et il ne croit pas impossible, dans un temps plus rapproché qu'on ne suppose, une rétrocession pacifique de l'Alsace-Lorraine.

« N'oubliez pas, nous dit-il, que j'ai été très souvent bon prophète ; j'ai prévu bien des événements. Il en est un pourtant qui m'a complètement dérouté, qui m'a fait douter d'ailleurs des capacités du jeune empereur d'Allemagne. C'est le renvoi de M. de Bismarck. J'avoue que ceci était en dehors de mes prévisions. »

Pour Castelar, la République a poussé de solides et profondes racines dans notre pays. Le suffrage universel, à part l'aveuglement honteux des années du second empire, ne s'est jamais trompé. La République, sauf la guerre religieuse poussée à l'extrême, a très peu commis de fautes. Le gouvernement manque de couleur sans doute, mais il a montré de la décision et de l'énergie.

M. de Freycinet a très habilement fait accepter l'institution d'un ministre de la guerre civil, et s'occupe avec compétence et activité des affaires de son département. M. Ribot a mené admirablement les négociations avec l'Angleterre, dans une question où Sir Charles Dilke a écrit que le gouvernement britannique aurait dû déclarer la guerre uniquement pour l'affaire de Madagascar.

Pour l'homme d'Etat espagnol, la tranquillité européenne ne pourra être troublée de longtemps. Les gouvernements hésiteront toujours à se servir des engins formidables que la science a mis à la disposition des peuples, engins à l'aide desquels de puissants navires comme le *Destructeur* et la *Reine régente*, en croisière sous nos yeux dans les eaux espagnoles, pourraient sombrer en deux minutes.

L'on échange de chaudes poignées de main, et Castelar nous donne rendez-vous à Paris, où il viendra le mois de septembre prochain.

Voici les fêtes enfin terminées. La bande cigalière se disperse de tous côtés.

Nous sommes allés à Hendaye, savourer la poésie des lagunes, en traversant la Bidassoa ; à Fontarabie, où nous avons senti palpiter l'âme de la vieille Espagne sur la crête des murs ruinés du château de Charles-Quint et de Jeanne-la-Folle ; à Lourdes, où nous trouvons le rédacteur du *Parti ouvrier*, l'ami Maurice Charnay, la cigarette à la main, des fleurs au chapeau, des chapelets en sautoir, ayant l'aspect d'un brigand calabrais.

Arrivés à Toulouse, nous demandons à voir la salle des Illustres ; elle est en réparation ; les bustes sont au grenier du Capitole. Quant à la hache qui trancha le chef de Montmorency, elle est enfouie sous une boîte à trombone. Maintenant, assez d'excursions ! Nous n'avons plus qu'un désir fou, celui d'aller nous rouler, à l'ombre des saules et des noisetiers, sur le sable fin et doré de l'Ariège.

GAMBETTA A SAINT-SÉBASTIEN

GAMBETTA

A SAINT-SÉBASTIEN

On sait que, dès le lendemain de la conclusion du traité de paix, Gambetta partit pour Saint-Sébastien ; mais aucun détail n'a été donné sur son existence en Guipuscoa, durant les cinq mois qui s'écoulèrent entre sa démission de député de l'Alsace et sa réélection aux élections complémentaires de juillet 1871. Un savant illustre, membre de l'Institut, ami de Gambetta, au chevet duquel il fut appelé à la dernière heure, avait bien voulu nous désigner M. Edouard Dupuy, actuellement propriétaire du Grand-Hôtel de Londres, à Saint-Sébastien, comme un des hommes avec qui Gambetta avait entretenu des relations quotidiennes extrêmement sympathiques. M. Dupuy s'est mis avec une bonne grâce parfaite à notre disposition, et dans un coin du salon où se trouvaient déjà réunis Canovas del Castillo, le duc et la duchesse de Mandas, Santos-Isassa, ministre des travaux publics, et l'amiral Bérenger, ministre de la marine, il nous fournit les renseignements que nous sollicitions pour notre plaisir personnel et que nous avons jugés assez intéressants pour être conservés.

Gambetta était logé à La Concha, dans une maison située sur la plage, presque vis-à-vis de l'établissement balnéaire.  Il vivait là avec son secrétaire Sandrique et une gouvernante d'âge canonique qui prenait soin de son intérieur : il n'y reçut guère d'autres visites que celles d'amis ardents et sûrs tels que Ranc, Spuller et Cendre. Il était arrivé malade, souffrant d'une laryngite aiguë, écrasé de fatigue par le labeur formidable donné pour organiser la résistance à l'invasion et en proie aux souffrances morales causées par le morcellement de la patrie. Il était nécessaire de prendre enfin un peu de repos.

Édouard Dupuy dirigeait à cette époque l'hôtel d'Angleterre, où étaient descendus, à la chute de l'Empire, les anciens ministres Segris, Louvet, Forcade de la Roquette, le maréchal Vaillant, l'amiral Jurien de la Gravière? ceux-ci avaient quitté Saint-Sébastien quelques jours avant l'arrivée de l'ancien ministre de la Défense nationale. Ils recevaient de France un très grand nombre de journaux dont, après leur départ, le propriétaire de l'hôtel pouvait naturellement disposer. Tandis qu'il se présentait à la poste pour les retirer, un jeune homme s'avança vers lui, lui demandant où l'on pouvait acheter des journaux français. Sur la réponse qu'il serait impossible d'en trouver à Saint-Sébastien, le questionneur fit mine de s'en aller en disant que son *patron* serait bien mortifié de n'avoir aucune nouvelle de France.

— Quel est ton patron ?
— Gambetta.

Ce nom fit tressaillir Dupuy ; à partir de l'affaire Baudin, il n'avait jamais perdu de vue Gambetta, qu'il considérait comme un patriote entièrement dévoué de cœur à la République et à la France; et tout heureux de l'occasion que lui fournissait le hasard de lui être agréable et utile, il tendit à François — c'était un ancien mobile de l'armée du Mans que Gambetta avait pris à son service — le paquet de journaux qu'il venait de retirer de la poste, lui recommandant de revenir chaque jour à la même heure pour prendre les feuilles publiques apportées par le courrier.

Le lendemain, Gambetta venait le remercier. A partir de ce moment, il ne se passa guère de journée sans quelque causerie familière entre l'ancien dictateur de Bordeaux et son compatriote, qui était son admirateur et son coreligionnaire politique. Gambetta était méridional dans l'âme,

8

et comme son interlocuteur était originaire des Basses-Pyrénées, ils s'exprimaient souvent et avec plaisir en parler populaire du Quercy.

L'existence de Gambetta durant sa retraite fut des plus simples. Levé d'assez bonne heure, il ouvrait sa fenêtre d'où il contemplait longuement la mer et il n'était jamais lassé de ce spectacle. Puis il endossait un petit veston noir, et coiffé d'un chapeau mou, un foulard noué autour du cou, il faisait le tour de Saint-Sébastien ; sur les onze heures, il allait prendre invariablement son vermouth à la terrasse du café de la Marine.

Le jour de Pâques, il voulut aller déjeuner sur l'herbe, dans la plaine de Loyola, sur la route d'Hernani, au milieu des réjouissances villageoises. Il était heureux de prendre sa part des jeux du pays, et le goûter eut lieu, dans la verdure, au son du tambourin. Le nom de Loyola ayant amené la conversation sur la Compagnie de Jésus, Gambetta raconta que, bien longtemps avant d'entrer dans la vie politique et encore profondément inconnu, il s'était rendu à Gand pour étudier à fond le mécanisme de cet ordre célèbre. Il parla du mode de recrutement des jésuites, de leur façon de s'emparer de l'âme de la jeunesse, de faire table rase dans leur esprit avant d'y introduire les notions nouvelles :

— Ils inculquent leur enseignement, disait-il, à l'aide de manuscrits, et si le sujet leur paraît insuffisamment préparé, ils l'éliminent. L'ordre n'est composé que de dupes et de dupeurs, de malins et d'imbéciles ; les malins, en petit nombre, arrivent vite, font ce qu'ils veulent et passent par dessus la règle.

Dans les premiers temps de son séjour à Saint-Sébastien, Gambetta était d'une irritation extraordinaire contre Jules Simon, et il prononçait fréquemment son nom en lui accolant toujours les épithètes les plus outrageantes. On sait que, malgré l'armistice qui, d'après lui, devait lier simplement le gouvernement de Paris, Gambetta voulait continuer la guerre. Faidherbe et Chanzy étaient du  même avis ; il attendait l'adhésion du général Cremer, car il ignorait la retraite de l'armée de l'Est et son passage en Suisse. Il attendit plusieurs jours cette réponse, ce qui explique son inaction et son attitude mystérieuse, trois jours durant, en face de Jules Simon, chargé de mettre fin aux projets de résistance du jeune ministre de la guerre dont l'âme invincible ne voulait pas désespérer encore de la patrie.

— Avec trois corps d'armée, nous pouvions lutter toujours, et si j'avais reçu de bonnes nouvelles de l'armée de l'Est, je me chargeais... *d'immobiliser* Simon.

Gambetta adorait Faidherbe et Chanzy dont il parlait avec admiration ; mais, en revanche, il avait une opinion très défavorable de certains généraux :

— Voyez jusqu'à quel point nous avait gangrenés l'Empire. Tandis que j'étais au bivouac avec Chanzy, pendant la retraite de la Loire, des généraux venaient nous trouver pour discuter les ordres reçus. J'avais beau leur dire : « Si vous ne pouvez tenir deux heures, vous tiendrez une heure, mais marchez toujours ! » ils présentaient de nouvelles observations auxquelles j'étais obligé de couper court en les menaçant des conseils de guerre. Et Chanzy me disait : « Ce ne serait encore rien, s'ils n'allaient crier au milieu de leur état-major, que nous voulons les mener à la boucherie. »

Lorsqu'il apprit la première sortie des fédérés sur Versailles, il s'écria :

— La Commune de Paris, réclamant ses droits et attendant l'arme au pied était invincible, mais puisqu'elle joue au petit gouvernement, elle est d'ores et déjà perdue. Celui qui, le premier, a commandé la marche sur Versailles, aurait-il cent vies, ne pourra jamais expier le mal fait au pays.

A la défaite de la Commune, le grand nombre des dénonciations l'effraya :

— L'Empire nous a-t-il assez pourris ? Est-il possible qu'il y ait trois cent quatre-vingt mille mouchards à Paris ?

Il en était exaspéré, et, ne croyant plus à l'avenir de la République, il parlait de son désir de ne plus rentrer en France, de se fixer en Espagne, de s'y placer à la tête de quelque entreprise industrielle, et c'est lorsqu'il manifestait ces intentions qu'il alla visiter, avec les marques du plus vif intérêt, des fabriques de fil, de coton, de stéarine, celle de M. Lizarritury, à Saint-Sébastien, et un peu plus haut, à Oria, celle de M. Brunet.

Comme il avait vu la veille le palais actuellement résidence d'été de la reine-régente, et qu'on était alors sur le point de terminer, quelqu'un lui ayant dit, chez M. Brunet :

— C'est très beau, aujourd'hui ; mais, hier, c'était mieux.

— Non, répondit-il, je préfère ceci : nous sommes dans le palais du Travail.

Le grand industriel le questionna sur l'Internationale :

— En Allemagne, en Angleterre, en Espagne, dans d'autres pays encore, peut-être faut-il la redouter. Mais chez nous, en France, elle n'est pas à craindre : nous avons des milliers d'associations — et d'associations ouvrières, notez-le bien — qui se sont prononcées contre elle et annihileront son action.

C'est à tort que l'on a représenté Gambetta, à Saint-Sébastien, comme pêchant quotidiennement à la ligne et vivant très retiré auprès d'une Égérie qu'il devait connaître seulement trois années plus tard.

A deux ou trois reprises, il alla pêcher en chaloupe à l'île Sainte-Claire, une fois entr'autres pour aller à la recherche d'un mollusque bizarre, connu sous le nom de *datte de mer*, dont il affecte la forme et qui ne paraît que dans les marées exceptionnelles. Amené par le flot des marées très vives, on le pêche à marée basse, et, pour le prendre, il faut casser la roche où il a la malice de pénétrer pour se cacher. Ce coquillage, extraordinaire sur les plages de l'Océan, est beaucoup plus fréquent dans la Méditerranée, et, au grand étonnement de ceux qui l'accompagnaient et qui lui avaient annoncé une rareté, Gambetta le désigna sous le vocable populaire que lui donnent les pêcheurs du quartier Saint-Jean, qui furent, à Marseille, ses premiers électeurs.

Une fois il s'échappa de Saint-Sébastien pour aller passer quelques jours à Madrid. Il y vit beaucoup Castelar, qui nous racontait que sa première parole, en passant la tête à la portière, fut pour se plaindre d'amis communs, avec qui ils avaient eu souvent occasion de déjeuner rue Bonaparte, chez la tante Massabie, et qui l'avaient abandonné dans la crise terrible que traversait la patrie.

Il assista à plusieurs séances des Cortès, et, à son retour à Saint-Sébastien, il racontait combien il avait été émerveillé du nombre de jeunes gens qui s'y trouvaient effectivement en majorité.

— On ne voit que de noires chevelures qui font un singulier contraste avec les vieilles perruques de l'Assemblée de Bordeaux. Laissez faire ces jeunes gens; ils vont retourner l'Espagne comme un gant.

Et un ami essayant de le détromper et de lui dire que ces jeunes députés avaient peut-être un plus vigilant souci de leurs affaires que de l'intérêt du pays, Gambetta, qui croyait la jeunesse noble, désintéressée et chevaleresque, arrêtait son interlocuteur du geste, en s'écriant :

— Ne détruisez pas mes illusions !

Aux heures de dur écœurement, nous l'avons dit, Gambetta avait manifesté son intention très arrêtée de se fixer en Espagne : voici dans quelles circonstances il la quitta, non sans regretter les jours tranquilles passés à Saint-Sébastien, dont il garda le meilleur souvenir et où il était universellement aimé et admiré.

Celui qui le détermina à rentrer fut un ancien représentant de 48, Victor Herzman, qui, depuis trente ans, vivait exilé à Saint-Sébastien. C'était un ancien contre-maître du Creusot, dont les ouvriers l'envoyèrent siéger à la Constituante, à côté de Barbès. Il prit part à l'insurrection de Juin, dut gagner la Belgique, d'où il partit pour Saint-Sébastien. Il était chef mécanicien et commandait l'équipe chargée de draguer le port. Lorsque Napoléon III venait à Saint-Sébastien pour rendre visite à la reine Isabelle, tous les réfugiés politiques étaient envoyés à Tolosa. Seul, il faisait exception à la règle, à raison de ses fonctions ; il continuait à diriger ses travaux, mais sous la surveillance d'un gendarme. Il s'était complètement fixé en Espagne, où il maria sa fille. Il y vivait dans une situation aisée.

Les élections complémentaires se préparaient ; Victor Herzman, ayant rencontré Dupuy, lui dit :

— Allons trouver notre homme !

Lorsqu'ils entrèrent, Gambetta tenait à la main une dépêche de Marseille, lui demandant de poser sa candidature; il leur annonça qu'il avait déjà répondu négativement à une proposition analogue adressée de Bordeaux.

— Ils veulent à toute force me nommer; moi, je ne veux pas y aller.

Le vieux républicain entra amicalement en colère.

— Comment ! vous ne voulez pas ?...

— Je ne puis y aller. Nous avons protesté contre cette Assemblée; nous lui dénions tout pouvoir constituant. Songez que si elle nomme un roi, nous sommes obligés de l'avaler. Tandis que, par notre abstention et nos protestations opiniâtrement soutenues, nous réservons nos droits et assurons l'avenir.

— Sacré nom ! grommela Herzman, si les jeunes parlent ainsi, que ferons-nous, nous autres les vieux !

— Mais ce que vous me conseillez là est illogique.

— Dieu de Dieu ! il faut y aller.

Le jour même, un homme à allures suspectes vint se jeter aux pieds de Gambetta, se prétendant sans ressources et compromis dans les affaires de la Commune. Il s'était logé dans la maison même de Gambetta, qui comprit qu'il avait auprès de lui un homme en observation, et ceci dut le décider, car le lendemain matin il faisait appeler Dupuy pour lui apprendre qu'il rentrait en France par le train express.

— Je ne sais pas si Victor a raison ou non; mais je m'en vais.

Le soir même, en réunion publique, il prononçait son splendide discours de Bordeaux, d'une merveilleuse éloquence et d'une grande sagesse politique, qui produisit sur l'opinion publique un effet considérable. Il développa cette thèse qu'à chaque jour suffit son œuvre, et, après l'horrible désastre, il soutenait que la première tâche imposée au pays était le développement de l'instruction. S'il avait pu un instant avoir des craintes sur l'avenir de la République, il ne douta plus le lendemain des élections, dont le résultat dut le combler de joie. Sur 108 sièges, 102 avaient été conquis par le parti républicain : le suffrage universel, sur toute la surface du pays, dès qu'il fut question de constituer, avait unanimement condamné les idées de restauration monarchique, et Gambetta, l'âme réconfortée, put aller prendre place à l'Assemblée de Versailles, continuer la propagande de ses idées, orienter les esprits, et, s'effaçant avec une admirable abnégation patriotique, à l'abri de la personnalité rassurante et respectée de M. Thiers, fonder et consolider définitivement la République.

AU PAYS DU FER

AU PAYS DU FER

Il n'y a pas à dire : « Mon bel ami ! » aujourd'hui la cigale se rattrape.

Oui, la cigale que nous n'avions pas une seule fois entendue au cours triomphal de notre voyage et que sur la foi des poètes, je croyais morte avec les moissons, la cigale peu soucieuse de savoir si les blés sont en grange ou pas, fait retentir l'horizon appaméen de sa stridente cantilène.

Car c'est à Pamiers — l'*Appamœa* du moyen-âge, — qu'après tant de festins et des discours, Albert Tournier et moi sommes venus nous reprendre et nous résumer. Tournier y étant né, connaissait d'ailleurs un peu la ville.

Et bercé au chant des cigales, musique assoupissante quoique virgilienne, dans un cabaret feuillu dont un canal clair frôle la terrasse, avec les Pyrénées à l'horizon et plus près, par-dessus la ville,

les profils albigeois d'une église à créneaux et d'une antique tour en briques, rouge de sang sur le ciel bleu,

j'essaie à côté d'un verre d'eau de source si froide que la glace des glaciers — la seule qu'on connaisse ici — y fond à peine, j'essaie, historiographe d'ailleurs indigne, de mettre en ordre tout un fagot de souvenirs çà et là cueillis le long de la route.

Que cela, en moins de huit jours, s'est déjà fait vague et lointain ! Saint-Sébastien, la reine aperçue, le petit roi jouant sur la plage, près d'une cabine modeste que surmonte la couronne des Espagnes; et ce déjeuner à la *Concha*, en face du ciel et de l'Océan, dans ce salon ouvert, lambrissé *d'azulejos*, où je mangeai de la pastèque transparente comme un vitrail, tandis que Castelar, tonitruant et avisé, avec les airs d'un Jupiter moustachu qui sourirait en brandissant son tonnerre, nous parlait poétiquement des choses de la

politique; Hendaye, la Bidassoa traversée en barque à travers le vaste estuaire que barrent d'étroits bancs de sable couleur d'or; Fontarabie et son décor romantique de palais aux toits surplombants, aux façades lourdement écussonnées; Saint-Jean-de-Luz et le délicieux bain de mer qui nous fit oublier la maison témoin des noces juvé-

niles de Louis XIV et de l'Infante; et puis Saint-Gaudens, puis enfin Toulouse et le cloître arabe de son musée et son Capitole peu romain, dont le concierge, excellent homme, nous montre, provisoirement accroché au mur de sa cuisine, le coutelas en fin acier qui décapita Montmorency.

Impressions vives d'abord, mais s'effaçant chaque fois sous des impressions nouvelles ! Tel est le moindre inconvénient des voyages trop vite menés.

Donc, me voici dans ce département de l'Ariège que je m'imaginais noir, minier, usinier, sauvagement ferrugineux et qui se trouve être un plaisant pays d'eaux courantes et de verdure.

J'eus tort peut-être hier soir d'exprimer tout haut mon étonnement. Ici, la mine est cachée sous les fleurs et l'usine s'entoure volontiers de vieux ombrages. Des amis, m'ayant entendu, se sont aussitôt emparés de moi et j'ai dû, séance tenante, visiter l'usine.

Brr!! Je rêve encore tout éveillé de cet Etna métallurgique.

Quel vacarme cyclopéen, que de flammes et de fumée! De vastes cours, des hangars immenses, un sol brûlant fait de cendres et de scories, un enchevêtrement de toitures basses et de charpentes, un ciel attristé sans étoiles et et tout noir pour l'œil ébloui. Des hommes, des enfants vont et viennent, debout, leur ringard à la main, devant la gueule ardente des fours ou brassant le métal en fusion et traînant à l'aide de longues pinces des masses de matière incandescente et spongieuse, fer imparfait encore, qui, au milieu d'un éclaboussement d'étincelles, va se modeler comme argile sous l'effort lent et doux du marteau-pilon.

Ailleurs, une vision de serpents d'or qui au roulement des laminoirs s'allongent et se tordent innombrables.

Oui, des serpents d'or, des serpents de feu, animés de je ne sais quelle vie effrayante et surnaturelle, des serpents au milieu desquels les dompteurs courent et se jouent, heureux, on le dirait du moins, tandis que se déroulent autour d'eux leurs spirales, de les saisir au vol, de quel intrépide sang-froid, par la tête, et de les voir disparaître entre les cylindres avec un frémissement de couleuvre qui, traquée, s'enfonce en un mur.

C'est ainsi que d'obscurs héros, chaque jour, tout le long de l'an, fabriquent des canons, des obus, dont le compte n'est pas à Berlin, l'essieu du wagon qui promènera nos loisirs, et le modeste fil de fer qui peut-être au printemps prochain va me servir à lier ma vigne.

Ce spectacle, certes, a sa grandeur.

Il y a pourtant ici des gens amoureux du passé qui regrettent le temps des forges à la catalane et des primitives usines, assourdissant du bruit de leurs martinets les rives de tous les cours d'eau.

Un brave homme de savant m'a même montré en soupirant la fente du rocher où vécut, paraît-il, une bonne fée, *uno encatado*, qui la première enseigna aux indigènes l'art mystérieux de la soudure. Légende bien dans le caractère de cette région du fer et qui fait songer aux dieux Cabires !

L'Ariégeois se montre surtout fier des merveilles souterraines de son pays.

J'ai admiré le fer, il s'agit maintenant d'admirer les grottes. On m'en cite plusieurs aux environs pour lesquelles un voyage s'impose : celles des Echelles, celle de Bédeilhac, celle surtout du Mas-d'Azil. Notre choix se fixe sur la dernière.

Grotte à part, l'excursion reste charmante, dans le

bruit léger des grelots si doux à entendre après l'éternel ron-ron du chemin de fer, par cette belle route en lacets qui s'en va sous les peupliers blancs et les frênes, à travers de verts mamelons chargés de bouquets de bois et de cultures, lesquels, selon que l'on monte ou descend, cachent où laissent voir les lignes sublimes de la grande montagne.

Au soleil levant, derrière nous, la plaine de Toulouse fume sous la brume. Ce sont des hameaux, des villages : le Carla, berceau de Bayle, l'auteur fameux du dictionnaire; Artigat, où le poète en prose des *Plaisirs rustiques*, Théophile Silvestre, naquit.

Voici l'Arize, son courant clair et ses graviers de cailloux roulés où des troupeaux d'oies, espoir du confit, font la sieste. Voici Mas-d'Azil et ses aires où des bœufs dépiquent les gerbes. Voici enfin la grotte, immense tunnel naturel qu'une grande route et la rivière traversent parallèlement sans se gêner.

L'extérieur, c'est un peu Vaucluse, avec son rempart de rocs sculptés et roux, et le trou noir d'où jaillissent des cascatelles. L'intérieur, c'est le Pausilipe, avec ce surcroît de mystérieuse terreur qu'ajoutent les proportions grandioses de la route et le grondement des eaux invisibles.

A droite et à gauche de la grotte principale, qui a cinq cents mètres de long, d'autres grottes s'enfoncent dans la montagne.

On nous fait les honneurs d'une vraiment très pitto-

resque. D'innombrables chauves-souris y nichent ; des savants épris d'études préhistoriques y ont pratiqué des fouilles fructueuses ; et le pied y butte à chaque pas sur des tas de terre que lessivèrent, pour en retirer le salpêtre, les protestants cernés par les troupes de Richelieu.

Soutenu en pareil endroit, qu'un siège doit être maussade !

Heureusement le déjeuner nous attend à la sortie sur l'herbe d'un pré, au bord de l'Arize transparente et froide où les truites, en gobant leur proie, font des ronds. Le vin fraîchira là merveilleusement, et l'ombre sera douce à l'abri des saules.

Un monsieur passe. Mes compagnons le hêlent et l'invitent. C'est le vétérinaire de l'endroit. Il a vendu son cheval hier et fait ses tournées en vélocipède.

Ceci me semble un signe des temps. Un vétérinaire renonçant au cheval pour enfourcher prosaïquement un bicycle constitue le plus effrayant des symboles.

Décidément le passé s'en va, toute poésie est bien morte et nous vivons au siècle de fer.

LES HARICOTS DE PAMIERS

LES HARICOTS DE PAMIERS

L'Ariège n'est point seulement le pays « des hommes et du fer » : c'est aussi, pour le haricot, une terre de prédilection.

Le Félibrige parisien consacre tous les ans, dans ses Jeux Floraux, une place à la célébration poétique d'un plat renommé du Midi.

S'il est utile d'évoquer le souvenir des institutions pittoresques du passé et la gloire de nos poètes provinciaux, il n'est pas moins légitime d'accorder les lyres en l'honneur des productions fortifiantes et fécondes de notre sol béni du ciel.

Cette année, le sujet était choisi parmi les produits culinaires de cette magnifique région du Sud-Ouest, où nous allions couronner de fleurs les bustes de vaillants précurseurs.

C'était tout naturellement l'illustre, le parfumé, l'immortel cassoulet.

D'ordinaire, on demandait un sonnet ; mais Auguste Fourès, l'auteur d'une monographie des plus humoristiques et des plus intéressantes, précédée d'un dessin à la plume de notre très illustre ami Alexandre Falguière, a  déjà fait sur ce plat célèbre de Castelnaudary le sonnet définitif et magistral ; nous avons pensé qu'il était convenable d'exiger, cette fois, une chanson, Théodore de Lajarte, que la mort vient de nous ravir, ayant spirituellement fait observer, en sa qualité de bibliothécaire de l'Opéra, que le cassoulet ne pouvait guère se passer de musique.

Le haricot qui en constitue la base fondamentale, a une origine ancienne et sacrée : il nous vient de l'Inde, pays des religions poétiques. Le haricot s'est multiplié depuis et Bentham en compte quatre-vingt-cinq espèces.

Mais il y a haricot et haricot.

Doivent être repoussés pour l'élaboration du cassoulet le haricot d'Espagne, le haricot blanc des vignes de Bourgogne, le haricot suisse dit ventre de biche, le haricot gris de Bagnolet, le haricot prud'homme, le haricot sabre, voire même les haricots de Soissons, fussent-ils servis dans le vase de Clovis.

A plus forte raison dédaignons-nous le flageolet de Laon, le haricot congréganiste dit à la religieuse, le haricot sphérique d'Orléans, le haricot de Prague, le beurré d'Alger, le soissons-nain et le hâtif de hollande.

Un seul, entendez-vous, — et nous mettons un certain orgueil à le proclamer — un seul est susceptible de former

un succulent, un vrai cassoulet, c'est le haricot rond, blanc et petit de Pamiers. A peine pourrions-nous tolérer ceux de Lavelanet, de Mazères et, au dire de Calvinhac, ceux de la vallée de Campan dans les Hautes-Pyrénées ou de Montastruc dans la Haute-Garonne, qui — le premier faisant défaut — peuvent tout de même lui servir de doublure et tromper encore des palais inexpérimentés.

Prenez donc des haricots de Pamiers, faites-les bouillir, et changez d'eau, une fois, pendant leur cuisson. Ajoutez-y ensuite avec du saucisson coupé menu, des couennes fraîches, un morceau de salé d'oie et un jarret de porc. Vous videz le tout dûment salé et poivré dans une casserole, spécialement fabriquée à Issel, et vous l'apportez dans un four, où la flamme odoriférante des genêts de la Montagne-Noire lui communique un exquis parfum. Certains les arrosent alors de jus de volailles, de cailles et de perdreaux, relevés d'un coulis de jambon. Goûtez-y ! vous m'en direz des nouvelles.

« Les hommes friands, a dit un gastronome, habitués à une chère délicate, ne dédaignent pas les mets un peu vulgaires. Il savent fort bien que les infidélités de la table plaisent à l'estomac, qu'elles lui doivent une sorte de repos qui le récrée et le ravive. Les nouveaux riches, revenant un peu sur le passé, aiment également retrouver leurs anciens amis dont ils avaient oublié les services. Au reste, cette réconciliation les honore ; l'ingratitude est à nos yeux un vice détestable. On ne doit jamais oublier ceux qui nous ont nourris, fût-on ministre ou pair de France.

» La preuve que les haricots sont presque une friandise,

c'est que M. le marquis de Cussy, le gastronome le plus aimable du dix-neuvième siècle, abandonne les blancs de bartavelle, les filets de sole assaisonnés de truffes, aussitôt que paraissent les haricots de Soissons.

» Napoléon se régalait, de temps en temps, à déjeuner avec ce légume en salade. Voilà donc les haricots parfaitement réhabilités dans la gastronomie usuelle. Ils ont les plus illustres suffrages, les suffrages de Napoléon et du marquis de Cussy. L'un les mangeait à l'huile, l'autre au jus de gigot. Les amateurs peuvent maintenant choisir. »

Nous, nous choisissons le cassoulet.

Et puisqu'on cite le marquis de Cussy et Napoléon, qu'il me soit permis de rappeler combien Gambetta adorait le haricot sous la forme que je viens d'indiquer.

C'est autour d'un cassoulet servi dans les caves du Frontin — t'en souviens-tu Paul Arène ? — que fut décidée l'apparition de la *République française,* où tu écrivis, depuis la fondation du journal jusqu'à la mort du grand homme d'État, tant de délicieuses et d'étincelantes chroniques et aussi, pour la punition de tes péchés, tant de comptes rendus de représentations théâtrales. Le patron Doin a, depuis, transporté ses fourneaux au grand U, dans la rue de Richelieu et autour de ses cassoulets fumants se réunissent toujours des hommes d'Etat éminents, des ministres habiles, des ingénieurs distingués, des écrivains à la plume singulièrement alerte. Il n'existe plus là ni opportunistes, ni intransigeants, ni radicaux, mais des gourmands satisfaits.

C'est grâce à l'envoi de haricots de Pamiers, — et nous signalons ce joyeux thème historique à la verve chansonnière d'un des premiers amis des félibres, notre excellent Prosper Marius, — que beaucoup de méridionaux, depuis Henri IV jusqu'à Gambetta, purent conquérir les bonnes grâces des gourmets au pouvoir et mettre ainsi le pied à l'étrier de la vie publique. Sans doute, la finesse gasconne, la faconde, l'instinct politique de la race furent d'un puissant secours à ces aimables Gascons ; mais il y aurait ingratitude à oublier le point initial de leur fortune, le mirifique, le sublime, le divin haricot dont parle si agréablement Roumanille dans une de ses joyeuses *Sornettes de ma grand la Borgno*, grâce auquel je ne sais plus quel pauvre diable put monter jusqu'à l'empyrée des Dieux.

LA SAINT-AMOUR

LA SAINT-AMOUR

N'essayons pas de prendre la plume : il fait vraiment trop beau soleil, et le seul effort dont je me sente capable est d'écrire les excellentes raisons qui m'empêchent d'écrire.

J'avais essayé de travailler aux champs dans mon bastidon de la Cigalière, un endroit vraiment à souhait, avec sa treille de cent ans et la chanson claire de la source tombant de haut dans le réservoir qu'un figuier ombrage.

Cela marcha bien le premier jour. Il avait plu, l'orphéon des cigales sommeillait. Mais, le second jour, l'été flamboya, et les cigales s'éveillèrent.

Depuis, aux quatre coins de l'horizon, je n'entendis plus que des cigales : chaque arbre avait la sienne, que dis-je, chaque arbre, chaque branche !

De Beuvons jusqu'à Salignac, sur les coteaux brûlés, obstinément sonnaient les cigales, et leurs grésillements, que l'on croirait discords, s'unissaient en une harmonie à rendre le divin Hercule ou même Zola paresseux.

Dans la ville c'était pire encore.

Je n'y avais pas l'excuse des cigales; mais à chaque instant, devant ma fenêtre, passait un vol strident de martinets, allant, venant et fauchant l'air, des remparts ruinés du vieux fort au grand rocher debout par-delà la rivière. Et l'on m'excusera si, au lieu de barbouiller mon papier d'inutiles lettres noires, j'ai perdu mon temps à vouloir déchiffrer les mystérieux hiéroglyphes que tant d'ailes qui s'entre-croisent dessinent sur le bleu du ciel.

Désespéré, je prends le parti de me remettre en voyage et débarque dans Avignon.

Y trouverai-je un peu de calme ?

Ah ouiche ! Avignon est en fête pour un bon mois. D'autres villes ont une fois par an leur fête patronale qui leur suffit. Avignon, pour faire durer le plaisir, a inventé les fêtes de quartier.

Trouvaille superbe !

Chaque jour un quartier célèbre la sienne, et les quartiers sont diantrement nombreux dans l'antique cité papale.

A peine au sortir de la gare, c'était vers les dix heures du soir, un bruit d'instruments m'arrive et je vois des lanternes de couleur se balancer dans l'ombre des rues. Est-ce que par hasard les félibres continueraient ici leurs ébats ?

De braves gens en train de badauder comme moi me rassurent et me renseignent.

C'est le quartier des Arrosaires qui, par cette prome-

nade nocturne et musicale, annonce pour demain sa fête patronale de Saint-Amour.

Un saint charmant comme l'on voit, bien dans la tradition païenne du pays et qui ne doit pas, j'imagine, manquer de ferventes paroissiennes.

Saint-Amour !

Que peut bien être ce Saint-Amour ?

Dans tous les cas, c'est un saint joyeux. L'affiche par laquelle il se révèle à moi abonde en agréables promesses.

Trois chars, dont celui de Saint-Amour naturellement. Des cavaliers quinzième siècle. Un bal, un lâcher de pigeons, un mât de cocagne, des jeux nautiques dans les fossés de la Bousaque.

Quoi encore ?

Le jeu des trois sauts, de l'étrangle-chat, des courses d'enfants, de femmes, de chevaux, de mulets et d'ânes, avec cette note en bas de l'affiche :

« Les étrangers recevront des habitants de l'Arrosaire le plus cordial accueil. »

Comme étranger la note me touche, comme amateur de sport, la course d'ânes me fait rêver.

Je me rappelle, non sans émotion, avoir vu de ces courses dans mon jeune temps.

Une surtout particulièrement pittoresque, où les cavaliers devaient se diriger en ayant le visage tourné vers la queue de leur monture.

Il s'était présenté un seul cheval, un seul mulet et un seul âne.

Les trois courses eurent lieu quand même et la musique joua pour chacun des vainqueurs qui, je dois le dire, quoique sans concurrents et pouvant gagner leur prix au pas, n'essayèrent pas moins d'aller vite.

Le triomphe fut pour l'âne et l'ânier.

L'ânier, jeune héros de douze ans, se montra vraiment remarquable dans ce steeple-chase à l'aveuglette.

L'âne et lui, d'un parfait accord et comme s'ils n'eussent fait autre chose de leur vie, arrivèrent tout droit d'un petit trot de chasse au bout de la route poudreuse.

L'âne eut le bridon, l'ânier une couronne.

Le père de l'ânier pleurait.

Et voyez la contagion de la gloire !

Le lendemain matin, à l'heure où les ânes vont au champs, on pouvait voir passer, sous la porte de Provence, plus de douze galopins dont j'étais, qui, su excités par l'exemple et rêvant eux aussi de lauriers pour l'année suivante, chevauchaient leur âne à l'envers.

Mais laissons-là ces souvenirs !

Il était écrit que je ne connaîtrais pas Saint-Amour et n'assisterais pas à la course des ânes.

Mon ami Albert Tournier, compagnon de voyage aussi joyeux qu'inexorable, me fait judicieusement observer qu'avant de prendre le rapide définitif qui doit nous ramener au plus vite à Paris, on pourrait encore en mesurant bien son temps, déjeuner à Tarascon, pousser jusqu'à Maillane pour serrer la main de Mistral et couronner le voyage par une pointe dans la direction de Barbentane, terre sacrée des farandoles.

Barbantane est aussi en fête, et comme la récolte s'est montrée superbe, comme les louis d'or roulent sur les tables dans ce pays de jardiniers qui inonde Paris de ses primeurs, nous pouvons admirer les belles Barbentanaises dans tout le flamboiement de leur légendaire coquetterie.

Quand nous arrivons, le village est vide.

La population se presse aux taureaux, sur les gradins d'un cirque rustique et ensoleillé, où les jeunes gens de l'endroit, en bras de chemise, la taiole autour des reins, sans épée ni cape, n'ayant pour armes que leur courage et leur adresse, s'évertuent à arracher une cocarde ficelée au front de *Boucabeu*, bête terrible qui garde encore la pointe de ses cornes rouges du sang d'un amateur tué, il y a huit jours, à Tarascon.

Cinq heures sonnent, les courses finissent, tout le monde rentre au village.

C'est le moment des bals. Après viendront la marche traditionnelle et la farandole.

Des bas à jour, des jupes de soie, des fichus à dentelle d'or, des fleurs s'enlaçant au ruban de l'idéale coiffe provençale.

Puis les cheveux bleus, les yeux grands et noirs, les teints ambrés et pâles.

Une assemblée de déesses revenues des champs, de reines des contes de fées qui resteraient un peu paysannes.

Et toutes tournant lentement, impassibles, comme endormies dans je ne sais quel rêve.

On s'éveille pour la farandole, harmonieuse et passionnée comme un bas-relief grec de Bacchanales.

Mais le plus touchant, c'est la *Marche*, promenade silencieuse de tous les couples, voluptueusement, interminablement prolongée à travers les rues du village, aux accords d'une musique triomphale et lente.

Filles, fières visiblement d'être belles et préférées, joyeux garçons heureux de vivre et de montrer leur bonheur !

— Vous voyez bien, disait Tournier, riant de me savoir ému et quelque peu ému lui-même, nous n'avons rien perdu au change et c'est peut-être ici la vraie fête de Saint-Amour.

10.

COURSES PROVENÇALES

COURSES PROVENÇALES

— « Zou, Pouly ! Zou, l'Aiglon, zou ! »

Et nous applaudissions de grand cœur, tandis que Pouly, élégant et souple comme Ulysse, l'Aiglon herculéen comme Ajax, déployaient leur courage et leur agilité devant les cornes des taureaux camargues.

Nous applaudîmes également, — avec un petit frisson d'orgueil patriotique au cœur, — ces étonnants écarteurs et sauteurs venus des Landes, si habiles à déjouer la fureur des maigres vaches à l'œil noir, méchantes et traîtresses plus que les femmes.

Après quoi, la représentation terminée, on alla se rafraîchir dans le café attenant au cirque, sous une tonnelle où les costumes brodés d'or des champions provençaux et landais produisaient un effet charmant, parmi les furtifs rayons de soleil et l'ombre découpée des verdures.

Après quoi encore, l'avouerai-je ?

> *« Car je vis, oubliant, hélas ! nos bons auteurs,*
> *Avec des histrions et des gladiateurs. »*

nous dégustâmes, de compagnie, un excellent dîner au courant duquel, naturellement, il fut plus question de taureaux que de politique.

Dire qu'on voudrait les proscrire, ces jeux loyaux, si bien français, dont le plus grand crime — en dehors du pittoresque, lequel ne me semble pas à dédaigner, — est encore de faire le corps solide, l'œil assuré, l'âme hardie.

Je ne parle pas des courses à l'espagnole. C'est aux Espagnols de prendre leur défense, s'il y a lieu.

Mais les courses à la provençale, les nôtres ! Soit qu'elles se passent aux arènes de Nîmes et d'Arles, portant sur leurs arcades dorées par les siècles et semées partout d'herbes folles, toute une cité en habits de fêtes; soit que, rustiques, on les improvise au village, dans un simple rond de charrettes et d'échelles, je me demande vainement ce que la sensibilité la plus exquise du plus sensible protecteur d'animaux pourrait trouver à y reprendre.

C'est, sans doute, une manière de mauvais tour que l'homme ici joue aux taureaux, de les arracher à leurs  étangs d'entre les deux Rhônes, où ils épointaient les joncs librement, en regardant le reflet des nuages dans l'eau, pour les amener, fils du désert, au milieu des villes.

Mais enfin, ils y retourneront, eux, au désert ! tandis que les bœufs, moins fortunés, retournent rarement à la prairie. Cette idée, vissée dans leur cerveau cornu, peut les aider à supporter philosophiquement un mois ou deux de captivité glorieuse. Dans tout les cas, ils doivent trouver, j'imagine, que Mlle Huot et la Société protectrice les protègent d'étrange façon, en voulant leur interdire cet honorable métier de taureau de course, qui seul les préserve de l'abattoir.

Car, chez nous, — combien de fois encore faudra-t-il le redire ? — il ne s'agit pas de tuer le taureau. Les courses sont un jeu, nullement un combat, et n'ont rien de la romantique cruauté des courses espagnoles.

On attache solidement un floquet de rubans entre les cornes de la bête, on la pousse hors de sa loge. Un frisson de joie parcourt les gradins. Tambourins, galoubets commencent leur tapage.

Le taureau s'arrête, un peu surpris, au sortir de l'obscurité et du silence de l'étable, par tout ce bruit, tout ce soleil, ces cris et ces couleurs d'une foule gesticulante et bariolée.

— « *Bou Diou !* qu'il est laid...

— « *Pécaïré !* qu'il a l'air brave... »

Ce sont, de tous côtés, des flatteries et des injures. Les femmes l'appellent par son nom, car il a son nom imprimé, comme un ténor ou un premier rôle; des gamins, perchés dans les arbres, font pleuvoir sur sa tête des brindilles vertes qu'il ramasse et mâche nonchalamment. Enfin, il semble prendre un parti; il beugle, gratte du pied le sol, d'où les cailloux s'envolent, et le voilà qui, d'un modeste galop, se met à faire le tour de l'enceinte.

C'est maintenant aux plus agiles et aux plus braves de lui ravir la flamme rouge qu'il porte au front.

Les Beaucairois et les Nimois ont un peu enjolivé tout cela. Aux simples *razets* d'autrefois, ils ont ajouté le jeu du manteau, de la mulète, la pose d'inoffensives banderilles.

Mais, pour les fêtes préparées à Sceaux, en l'honneur de Florian, comme c'est la coutume chaque année, le Pouly nous promet une course provençale dans sa simplicité première. Il a renoncé même, cette fois, à son mirifique costume violet et or, coupé sur le patron de celui que portent les gardiens de Camargue, mais dont les broderies ont le tort de rappeler vaguement l'Espagne, et nous le verrons taquiner le taureau, ainsi que l'exigent les saines traditions, en bras de chemise, avec la *taïole*.

Peut-être aurons-nous aussi une *ferrade*, complément obligé de la vraie course de taureaux.

Vous rappelez-vous les *gardians* ferradeurs venus, il y a quelques années, à l'occasion des fêtes du Soleil, leurs hautes selles orientales, leurs mors, leurs tridents, leurs grands chapeaux, leurs grandes bottes, leurs larges étriers à courroies d'alfa, leurs *seden* qui sont des lazzos en crin tressé noir et blanc, et quels crânes cavaliers c'étaient ! — oui ! comparables aux meilleurs de Buffalo-Bill — sur leurs blanches cavales sarrazines, et de quelle hardiesse ils donnaient la chasse au taureau, toujours galopant, le petit cheval toujours évitant la corne, et avec quelle noblesse paysanne Baralier, mettant pied à terre, renversait la bête, d'une main la retenait couchée, et, de l'autre main, saluait.

Tenez, je retrouve précisément une lettre qui vous donnera idée de la ferrade, mieux que les plus belles descriptions du monde.

C'est Aubanel qui l'écrivit :

« Hier, on nous avait invités à une grande ferrade en Camargue.

« Nous avons descendu le Rhône, en bateau, jusque près de la tour Saint-Louis, et, de là, nous avons rejoint la manade d'Yonnet.

11

« Il y avait quatre cents taureaux et cent cavaliers sur des chevaux blancs. Beaucoup portaient en croupe quelque belle fille. C'est eux qui amenaient les taureaux. La jeunesse les *tombait* et, après, les marquait en leur coupant un morceau de l'oreille, qu'on offrait tout sanglant aux plus jolies Arlésiennes.

« Une fille de dix-huit ans en a tombé cinq, à elle seule, comme un homme. Elle était superbe et endiablée ; puis elle a sauté à cheval et elle est partie...

« Pour la fin, nous avons vu le défilé.

« Les quatre cents taureaux sont arrivés de front, encadrés par les cavaliers. En tête, gigantesque, un vieux taureau marchait, seul. Près des charrettes, rangées en ligne et transformées en estrade pour les spectateurs, les premiers taureaux ont fait mine de vouloir fondre dessus, afin de défendre les bouvillons et les taures qui suivaient. Alors les gardiens, avec une précision admirable, ont exécuté un léger mouvement tournant, donné quelques coups de trident, et le noir escadron, passant devant nous en furieuse galopade, a disparu dans un tourbillon de poussière...

Hélas ! notre ferrade de Sceaux, si elle a lieu, sera certainement moins belle, et le pauvre Théodore Aubanel mort depuis, ne la verra pas !

LES JUIFS D'AVIGNON

LES JUIFS D'AVIGNON

Que faire en voyage, entre les repas, sinon d'apprendre des chansons et collectionner des légendes ? Ici les chansons ne manquent pas, mais les légendes sont plus rares.

En voici une cependant que j'ai recueillie comme on cueillerait une fleur de hasard poussée à l'angle de quelque rue herbeuse, au milieu des galets roulés qui pavent si cruellement le vieil Avignon.

C'est une légende juive, toute d'actualité par conséquent, à moins que Paris, qui a tant de chiens à fouetter, n'ait oublié depuis mon départ, c'est-à-dire depuis quinze jours, les deux volumes de Drumont et la croisade antisémitique.

La semaine dernière, quelques Israélites de marque, gardiens pieux des traditions de la communauté, nous faisaient galamment les honneurs du Ghetto avignonnais.

Un Ghetto confortable en somme, avec sa placette où malheureusement manque le puits sur la margelle duquel, il y a cent ans encore, les Sara, les Rachel et les Lia, en veste courte, soutachée à l'orientale (mon ami Octave Base en possède une fort belle qu'il nous montra) posaient leurs cruches vernissées ; avec sa synagogue neuve, l'ancienne a été incendiée ; sa rue Abraham, sa rue Jacob, et  le voisinage égayant du marché, plafonné d'une maison à l'autre de tendelets aux couleurs vives qui laissent voir par intervalles une étroite bande de ciel bleu, tandis qu'autour des corbeilles de fleurs et de fruits d'un méridionalisme déjà exotique, se pressent et caquettent, au milieu des « ah ! vaï » mollement gazouillés et des « bon diou » partant en fusées, les Comtadines coiffées de la catalane à brides flottantes et les femmes d'au delà la Durance d'allure déjà classique sous le fier bonnet arlésien.

Oui ! Ghetto confortable : telle est exactement l'impression première ! Car les rues Abraham et Jacob ne paraissent guère plus étroites que les autres rues de la ville ; les maisons, bien que serrées un peu, gardent malgré tout un certain air de richesse, et l'on nous en fait même remarquer une, décorée d'un écusson, dont le propriétaire, quoique juif, avait le privilège de porter l'épée.

Certes ! sous le portail d'entrée, des gonds solides scellés dans le mur marquent encore la place des grilles ; le guichet est là au travers duquel un guichetier comptait chaque soir — fillettes et vieillards, tresses noires et barbes blanches, — les têtes du troupeau parqué. Tout cela, néanmoins, n'a pas l'air précisément farouche. La serrure des grilles devait être huilée, le guichetier accommodant ; malgré soi, le visiteur se rappelle que, des siècles durant, les Juifs d'Avignon, lorsqu'ils n'étaient pas gens de lettres ou médecins comme les frères Nostradamus, se faisaient volontiers banquiers et argentiers du Saint-Siège.

— « C'était le bon temps, me disait Base, sémite aimable et paradoxal, c'était le bon temps : maîtres des finances papales, ayant la haute main sur la feuille de bénéfices, nous distribuions dans le monde entier les évêques, les abbayes, et nous étions de cette manière un peu papes au temporel.

— Mais, malheureux, on vous grillait !

— Rarement... d'ailleurs chaque métier a ses risques ! Et puis, on grillait des chrétiens aussi.

— Les règlements vous obligeaient à ne sortir qu'habillés de jaune.

— Bah ! le jaune va bien aux Juives, et aucune couleur — vous avez pu en juger tout à l'heure — ne s'allie plus harmonieusement à l'éclat des broderies d'or.

Le Ghetto du Marché-aux-Herbes paraît relativement

moderne. Il sera peut-être bon de lui comparer l'ancien, celui de la *Vieille Juiverie*, serré, sombre, sentant la geôle, un Ghetto primitif qui n'est pas pour rire, ramassis d'infectes ruelles qui n'ont jamais connu le soleil.

On peut le voir, il existe encore, aux pieds même du palais papal, derrière cet Hôtel des monnaies dont la façade, sans fenêtres chargées de lourdes arabaresques, et le toit en terrasse, s'écrasant sous de monstrueux oiseaux de pierre, apparaissent non pas comme un rêve, mais comme un cauchemar de Michel-Ange.

Nous nous égarâmes par là l'autre matin ; et, précisément, au retour, l'histoire me fut contée :

Ceci se passait au temps des tribulations d'Israël dans Avignon.

Les papes étaient durs, le peuple mauvais, de sorte que les Juifs, exposés à mille avanies, ne quittaient qu'en tremblant, et pour les plus pressantes affaires, le coin misérable où l'Église les reléguait, tout au bout du quartier sans nom dévolu aux créatures de mauvaise vie.

Vainement, quand ils se hasardaient au grand jour, se

faisaient-ils petits, pliés en deux et rasant les murs, avec l'espoir de passer inaperçus. Toujours la rouelle jaune les trahissait, éclatante comme un soleil sur la crasse de leurs habits, et les gamins les blessaient à coups de pierres ou bien, leur accrochant par derrière un obscène oripeau qui conserve encore en Provence son vieux nom tyrien et carthaginois, il les accompagnaient en chantant : « A lou tchitchibelli, belli, belli, belli... » jusqu'à ce que, essoufflés, sanglants et souillés, pareils moins à des hommes qu'à la bête puante poursuivie, ils eussent regagné leur triste tanière.

Comme leurs filles étaient belles d'une beauté diabolique, il arrivait parfois qu'un garçon de la ville tombait amoureux d'une d'elles. Alors on élevait un bûcher sur la grand'place et on y brûlait la juive et son complice. Aussi les mères d'Avignon avaient les Juives en horreur ; par prudence elles apprenaient aux enfants dès leur âge tendre à ne jamais approcher ces femmes, dont les yeux noirs brillaient du feu d'enfer.

Un jour, une de ces maudites, vieille déjà, car elle était

veuve d'un savant homme, nommé Mourdacaï, lequel de son vivant exerçait l'état d'astrologue, se trouvait errante par la ville.

Des commères causant par groupes dans la rue avaient craché sur ses cheveux.

Des soldats de garde à la porte du palais l'avaient insultée.

Et de jeunes clercs, devant une église, l'avaient aspergée d'eau bénite pour voir la grimace qu'elle ferait.

Mais la veuve ne s'en inquiétait pas, étant depuis longtemps habituée à ces misères.

Une chose plus grave l'affligeait, et malgré sa résignation, lui inspirait comme un désir de maudire la destinée.

Depuis le matin une puce, non pas une puce ordinaire mais une de ces puces énormes comme il s'en engraissait alors dans les Ghettos, depuis le matin une puce la tourmentait.

Là, dans le dos, précisément à l'endroit que la main ne saurait atteindre. Et nul moyen, à travers la ville ennemie, de s'arrêter pour se gratter un peu, au coin d'une porte, à l'angle d'un mur. Elle avait essayé pourtant, mais toujours quelque dure voix lui avait crié : « Marche, Juive ! » et elle marchait, elle marchait, effarée, folle de douleur, de grosses larmes plein les yeux.

Près de la porte du Rhône, le long des remparts, un polisson de douze ans qui buvait le soleil béatement, et riait aux anges, lui dit, la voyant passer : « — Bonjour, vieille ! — Bonjour, petit chrétien qui n'as pas peur de moi !... » Le petit chrétien répondit : — « Je n'ai peur de rien, j'ai manqué l'école ! Mais vous, il me semble que vous pleurez ? » — « Je pleure, parce que j'ai une puce dans le dos, et que, à cause de la méchanceté des gens, je n'ai pas pu me gratter encore. — « Si vous voulez que je vous gratte ?... » Et le vaillant garçon gratta tant et si bien que la vieille fut soulagée.

Comme il s'en allait en sifflant, la vieille le rappela : — « Puisque tu n'as pas peur, montre-moi ta main et tes yeux : que j'y lise ta destinée. » Puis ayant lu, toute troublée, elle ajouta : — « Petit chrétien, tu seras pape ! — Pape ? c'est ennuyeux : Et moi qui aurais voulu être soldat. »

Il fut pape pourtant. En ce temps là, ces aventures arrivaient.

Et, quand la cloche d'argent sonna, quand revêtu du manteau blanc et ceint de la triple couronne, il entendit, de la ville jonchée de fleurs et du fleuve couvert de barques pavoisées, monter jusqu'au balcon papal l'acclamation populaire, le souverain pontife se rappela, car l'encens ne l'enivrait point, la pauvre Juive qui, un jour d'école manquée, lui avait prédit sa fortune.

Il la fit chercher au Ghetto, craignant en son cœur qu'elle ne fut morte. Elle vivait toujours, mais vieille au point que ses yeux ne voyaient plus et que tout le monde autour d'elle avait oublié son âge.

— « Me reconnais-tu ? dit le pape. — Oui, à la voix. Vous êtes le garçonnet paresseux et compatissant que je rencontrai il y a trente ans, le long des remparts, près du portail du Rhône, un jour qu'une puce me piquait. — Et que puis-je faire pour toi, maintenant que me voilà pape ? — Rien pour moi, beaucoup pour mes frères. » Elle réfléchit et ajouta : — « Permettez-leur donc, puisque vous commandez, d'habiter un endroit d'où l'on voie un peu de ciel bleu, et où les puces soient moins grosses. »

C'est depuis ce temps que les papes, puis les légats après les papes, furent doux aux Juifs d'Avignon.

LE CENTENAIRE DE PÉTRARQUE

LE CENTENAIRE DE PÉTRARQUE

Puisque nous ne pouvons cette fois aller à Vaucluse, attrapons-nous en évoquant de vieux souvenirs ! Du moins aurons-nous fait en pensée le poétique pèlerinage sur les bords de la Sorgue.

Donc je traversais Avignon, il y a de cela seize ans.

J'avais promis d'y recueillir quelques renseignements sur les fêtes littéraires qui, dans quinze jours, devaient se donner, dans cette ville et à Vaucluse, en l'honneur du cinquième centenaire de la mort de Pétrarque. On m'offrit au passage le dîner traditionnel, et j'acceptai moins par gourmandise que par dévouement à ma mission.

La réunion fut charmante et exquise de couleur locale.

Tant de couleur, hélas ! me rappelait mes devoirs :

— A propos, demandai-je, et ces fêtes ?...

— Eh bien ! on les fera ces fêtes !... La mère des jours

n'est pas morte... Nous avons devant nous au moins deux semaines !

Leur tranquillité m'effraya :

— Ainsi, rien n'est prêt encore, rien n'est décidé pour le centenaire ?

— Ici, non, mais dans Aix, il y a l'Académie du sonnet qui s'en occupe.

Je connaissais Aix, son roi Réné, sa fontaine fumante ; en fait d'académie, son académie de *tambourinaires*, braves gens qui, au lieu de discours, vous régalent de farandoles ; mais l'Académie du sonnet, je ne la connaissais pas !

Comme il ne faut s'étonner de rien en Provence, je me décidai pourtant de pousser jusqu'à Aix pour y chercher des renseignements sur les fêtes qu'Avignon préparait.

J'arrive à Aix :

— Hé ! brave homme, l'homme aux paniers, connaîtriez-vous l'Académie du sonnet, par hasard ?

— L'Académie, tenez, elle se promène.

Et l'homme aux paniers me montra M. de Berluc-Pérussis et notre aimable confrère J.-B. Gaut, poète et journaliste, qui prenaient le frais sous les arbres du cours.

Monsieur de Berluc-Pérussis et J.-B Gaut composaient à eux deux tout seuls toute l'Académie ! A eux deux tout seuls et certes ! bien inconsciemment, ils avaient mis en branle dans les cerveaux provençaux cette triomphante idée du centenaire !

Voici comment :

M. de Berluc-Pérussis, à qui la fortune fait des loisirs,

imagina, brusquement, de demander un sonnet aux sonneurs de sonnets connus, et de publier le tout à ses frais. Puis ayant remarqué, au cours de l'impression, que l'apparition du volume allait, par un hasard heureux, coïncider avec l'anniversaire de la mort de Pétrarque, il ajouta, sans penser à mal, sur la couverture : *Publié en l'honneur du 5e centenaire de Pétrarque.*

— Un centenaire ?... Quel centenaire ?... il paraît que M. de Berluc va célébrer un centenaire... C'est donc pour le 18 ce fameux centenaire, M. de Berluc ?

Il n'y avait plus à s'en dédire ; il fallait un centenaire. C'est pourquoi M. de Berluc, succombant sous le poids d'une aussi effrayante responsabilité, s'était adjoint un co-académicien en la personne de M. J.-B. Gaut; et c'est pourquoi l'Académie du sonnet prenait ainsi le frais sous les arbres du cours, préoccupée et mélancolique.

Évidemment, le centenaire n'aurait jamais lieu, et je ne voulus pas, sur des ombres de fêtes, broder une ombre de correspondance.

Eh bien ! j'avais tort, j'avais compté sans cet admirable

soleil provençal qui mûrit et fait éclater une idée en un jour, comme les grains d'une grenade.

Pendant que loin d'Avignon, loin de Vaucluse, je courais les roches et sans remords, à l'appel de l'Académie du sonnet, la Provence, des Alpes au Rhône, et non-seulement la Provence, mais le Midi tout entier prenait feu.

Béziers, Nice et Bordeaux, Montpellier, Nimes, Toulouse, Marseille, souscrivaient, envoyaient des prix, des couronnes. Deux concours poétiques, l'un français l'autre provençal ! Les jurys se formaient, les rimes, à vol pressé, arrivaient. On organisait des jeux, des triomphes, des cavalcades. Aubanel improvisait les paroles d'une cantate dont Imbert improvisait la musique ; le statuaire Consanove improvisait un buste ; bref dans cette fureur tout italienne d'improvisation, en moins de quinze jours, une fête admirable s'improvisait.

Si bien que, dans un village perdu, sur la porte de la maison commune, je reculai surpris, devant une immense affiche — l'affiche du *Centenaire*, s'il vous plaît ! — toute flamboyante de joies et de promesses, et portant en tête l'écusson blasonné de clefs et soutenu de deux vautours avec cette fière devise : *Unguibus et rostro*, des ongles et du bec, qui est la devise avignonnaise, mais dont, en cette circonstance, l'Académie du sonnet, et les félibres et tous les pétrarquisants de Provence avaient bien le droit de se parer.

Quel joie ! On fêterait donc Pétrarque à Vaucluse — le val fermé — aussi solitaire, aussi frais qu'au temps où Pétrarque y composait ses sonnetti et ses canzones, et dans Avignon, cette ville à qui deux fléaux ont miraculeusement conservé sa pure physionomie du quatorzième siècle ; Avignon avec ses rues gardées tout exprès, étroites et tortueuses afin de rompre et de combattre le mistral, et ses fins remparts sarrazins auxquels aucune pioche utilitaire n'a touché, car ils sont une digue utile contre les inondations du Rhône.

Cadre superbe pour une résurrection de la Provence papale et féodale, pour ces promenades de hérauts d'armes qu'on nous annonçait ; pour cette cavalcade représentant la marche triomphale de Pétrarque montant au Capitole ; pour ces musiques, ces courses de taureaux, ces joûtes, ces fêtes de nuit sur le Rhône, ces tambourins et ces farandoles, et ces jeux floraux, où de belles dames couronnèrent les vainqueurs, sur la place du Palais des Papes, comme au temps de la reine Jeanne.

Mais la veille des fêtes, nous eûmes une belle peur !

Le vent s'était élevé, violent, avec des nuages. Les plus intrépides rêvaient Mistral ; or, le Mistral souffle trois

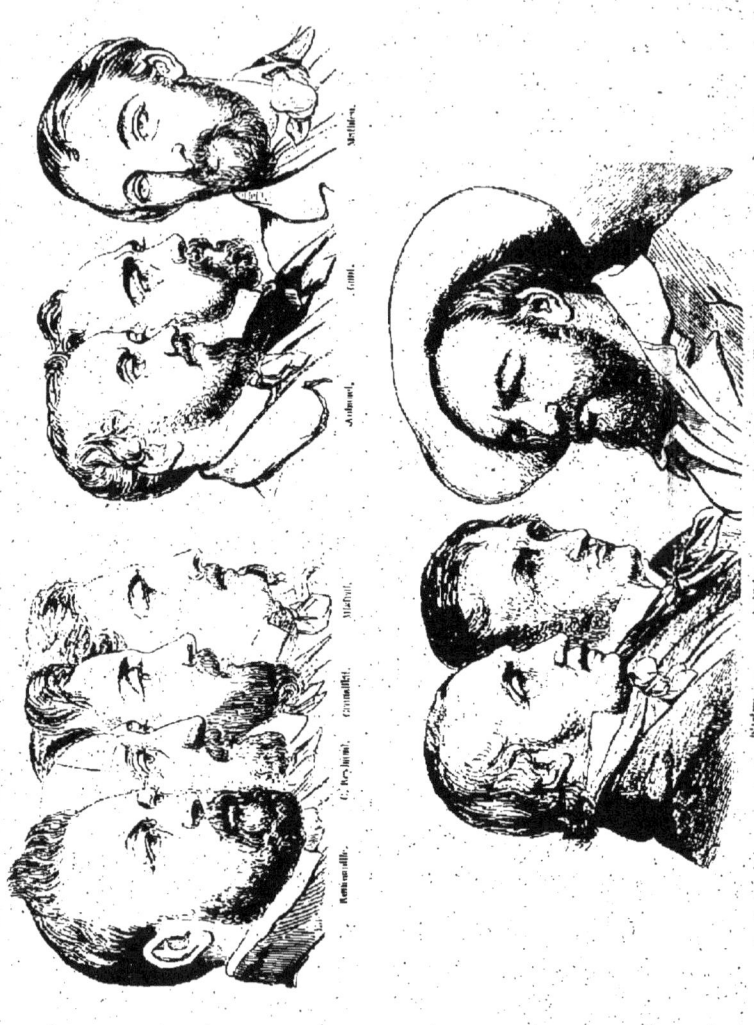

jours, et ces trois jours de Mistral coïncidant avec les fêtes, les eussent fort exactement dérangées. Mais ce n'était, par bonheur, que le vent de sud-ouest « le vent du soleil », dit-on ici : grand fracas, des tourbillons, la poussière amassée cinq siècles durant sur les vieilles tours du palais des papes, montant vers le ciel, pareille à une fumée d'incendie ; puis tout se calma, le soleil était venu, et bientôt, selon la très juste expression de Dickens, Avignon cuisait dans ses remparts dorés comme un pâté dans sa croûte. C'est nous qui étions les mauviettes, hélas !

A Vaucluse, où se distribuaient les récompenses du concours poétique français, chaleur torride, aggravée par la lecture de compendieux rapports. Les savants des Sociétés savantes, sur l'estrade, ouvrent gravement des parasols, les phrases coulent, les périphrases ronronnent, l'assistance applaudit au passage les lauréats : Aimé Giron, Frizet, Arnavielle, Anselme, Mathieu, Camille Allary, etc., Mme Rose-Anaïs Roumanille qui, pour son sonnet traduit de Pétrarque, obtient la couronne d'olivier en argent ; l'italien Giusuppe Fracasseti, le catalan Matheu y Fornells. Cependant la Lyre vauclusienne joue des airs de la *Fille Angot*, et les cigales, par milliers, s'exaspèrent dans les platanes, et vibrent et crient à faire croire qu'on les fricasse !

Dire pourtant que cette candide cérémonie eut son importance politique !

Parmi les savants, les académiciens et les félibres, avaient pris place M. Doncieux, préfet de Vaucluse, et M. le chevalier Nigra, envoyé extraordinaire et ministre plénipotentiaire du roi d'Italie à Paris, de plus, délégué du comité pétrarquesque de Padoue et d'Arqua. M. Doncieux reluisait dans un beau frac brodé d'argent; le chevalier Nigra était en simple habit, avec un bout de plaque émergeant du revers comme la lune d'un nuage. M. Don-

cieux, par une allocution discrètement officielle, a souhaité la bienvenue au représentant de l'Italie ; et M. le chevalier Nigra répondit que l'Italie, par-dessus les Alpes et la mer, envoyait à la France un salut cordial... Que deux nations issues d'un même sang ne pouvaient désormais se rencontrer que dans des luttes pacifiques... Puis, au nom de la nation et du roi, il déclara que l'Italie n'oublierait jamais la part généreuse prise par la France à l'œuvre de l'unité italienne...

Le tout avec infiniment de grâce et d'esprit, et ce léger zézaiement à la Mazarin, qui sied on ne peut mieux aux diplomates.

Au banquet qui suivit, sur les bords de la Sorgue, et tout près du jardin de Pétrarque, les manifestations amicales de l'Italie envers la France, et de la France envers l'Italie, continuèrent.

Voici comme spécimen de chaude éloquence méridionale le *brinde* (Rabelais disait ainsi), porté par Félix Gras, un de nos plus jeunes et plus vaillants félibres :

AUX POÈTES ITALIENS

» Frères d'Italie, c'est en votre honneur que mon verre tinte.

» Que les paroles de ma bouche ne vous soient point amères, elles viennent de mon cœur et vous apportent le salut cordial et fraternel des félibres de Provence.

» Que longtemps les violes provençales chantent à l'unisson de vos lyres harmonieuses. Que longtemps, la main dans la main, les deux sœurs s'en aillent dans le chemin de la paix et de la lumière. Et comme nos poésies, que les races latines demeurent amies, et que nos drapeaux aux trois couleurs ne se rencontrent jamais que pour se saluer !

» Au chevalier Nigra !

» Aux poëtes qui font la gloire de la nation qui restera grande, unie et prospère ! »

A vrai dire, ces drapeaux aux trois couleurs durent parmi la docte, mais un peu réactionnaire assemblée, faire froncer plus d'un vieux sourcil ultramontain.

Et Pétrarque, dans tout ceci ? Soyez tranquille, on but aussi à Pétrarque. On cueillit des feuilles à son laurier, car Pétrarque a son laurier comme Virgile. On se montra les vieilles murailles de ce que le peuple appelle son château et qui était en réalité le château de son ami Philippe de Cabassoles.

Les poètes n'ont pas de château !

Après avoir visité la source et le gouffre, on s'enivra de la féerie des eaux jaillissantes; puis, à la nuit, on s'en fut avec le buste du poète, en marche triomphale, parmi les flambeaux et les musiques, à travers Avignon joyeux, illuminé de rouge et de vert et pavoisé aux couleurs italiennes.

A l'Hôtel-de-Ville, en rentrant, cantate d'Aubanel avec la belle musique de M. Imbert. Punch municipal, discours du maire.

Puis, la cavalcade, le triomphe de Pétrarque, les farandoles et les chars. Le soir, représentation de gala. Le matin, messe solennel sur la place du Palais des Papes.

Ah ! cette messe !... ici, comme en Italie, au seizième siècle, on se divise en rouges et blancs. Lys ou coquelicots, et pas de nuance intermédiaire. Or, les blancs triomphaient de cette messe dont la solennité effarouchait les rouges. Eh bien ! je l'ai vue, moi rouge, la messe, et m'en déclare ravi. La cérémonie était imposante et dans le merveilleux décor fait du palais des Papes, de l'ancien palais épiscopal, de Notre-Dame des Doms, de son calvaire et de ce massif mais puissant hôtel de la Monnaie dont Miche-Ange a fait les dessins.

Et tandis que se déroulait au grand soleil cette pompe religieuse d'une couleur vraiment moyen-âge, je me disais: Après tout, ils sont peut-être sincères ceux qui ont voulu qu'une messe fût chantée pour le poète des sonnets et des canzoni. Pétrarque, en son temps, fut mécréant quelque peu, quelque peu défroqué; très républicain et ami du tribun Rienzi. Dans sa solitude de Vaucluse, entre deux rimes amoureuses, il lui arriva d'égratigner les papes, et pour le repos de son âme, une messe solennelle n'est pas de trop.

Le cerveau encore plein du bruit de tant de fêtes, je songe avec une amère douceur, à l'époque patriarcale du félibrige, alors qu'autour de Roumanille, de Mistral, d'Aubanel, glorieux déjà mais d'une gloire circonscrite au pays, commençait à se grouper toute une frémissante jeunesse.

On les discutait, on les raillait, et les cloches, je dois le dire, ne sonnaient guère en leur honneur. Ils allaient, quand même, portés par l'espoir, écrivant *Mireille*, *la Miougrano* et *Calendal*, *les Filles d'Avignon* après *la Miougrano* et *Mireille*, ne s'inquiétant pas, laissant l'eau courir, sûrs qu'ils étaient de travailler à la grandeur de la France, en exaltant leur chère Provence.

Quel baume au cœur, quel bon repos pour le Parisien fatigué, pour l'apprenti parisien un peu effaré de Paris, que de tomber par un beau jour dans cette Académie joyeuse et vibrante dont les assises se tenaient sous les arbres autour d'une table à nappe blanche recouverte de vins joyeux.

« Le jour où vous égorgerez la truie, — ne manquez pas de nous faire signe, même s'il faisait un temps de pluie, — nous tiendrons la queue pour aider à la saigner, — un beau morceau de fricassée ! — Il n'est rien de tel pour bien dîner.

» Nous sommes tous des enfants gaulois et libres, —

à qui la Provence fait plaisir, — c'est nous qui sommes les félibres, — les gais félibres provençaux ! »

Ainsi chantait avec la puissante familiarité de l'homme de génie qui sait sourire, Mistral, au lendemain de *Mireille*. Aubanel, Anselme Mathieu, Pierre Grivolas allaient au refrain. On parlait de Daudet parti de la veille pour rentrer à son moulin, laissant derrière lui une traînée de belle humeur et de jeunesse. On le regretta, nous dînâmes.

La table avait été dressée au grand air, dans l'île de la *Barthelasse*, en vue de la ville et du fleuve, sur l'estrade d'un petit cirque où le dimanche les gens de Villeneuve font courir les taureaux. Olives noires et olives vertes, fritures de poissons du Rhône, écrevisses de la Sorgue; avec cela deux doigts ou trois de vieux Chateauneuf, ce vin pontifical désormais introuvable. Des chants, des brindes. L'ombre arriva tandis que Félix Gras récitait des vers. Tout-à-coup la lune se leva, si claire dans un ciel si pur, qu'une cigale, prenant cette nuit d'argent pour le jour, se mit à s'égosiller sur nos têtes...

On peut combattre les félibres, discuter leur œuvre et leur but; ils auront, du moins, comme Ronsard et la pléiade, comme Hugo et les poètes de 1830, eu ce courage, en notre siècle embourgeoisé, de vivre librement, fièrement, la vie poétique !

# LA VÉNUS D'ARLES

LA VÉNUS D'ARLES

Où l'ai-je vue cette toile étrange dont le souvenir me revient ? En chape brodée, portant la mitre et tenant la sainte ampoule entre ses doigts faits d'osselets, un squelette verse l'huile d'or sur le front d'une belle jeune femme agenouillée. Et dans l'énigmatique image, l'artiste semble avoir voulu symboliser le sacre de la Poésie par la Mort.

Hier encore, en dehors d'un cercle restreint d'admirateurs fervents et d'amis, Théodore Aubanel n'avait qu'une gloire relativement discrète. Aujourd'hui son nom est sur toutes les lèvres, et les moins soucieux de lettres savent quel poète la patrie française a perdu.

On a déjà, un peu partout, raconté sa vie, analysé son œuvre, disant la silencieuse maison où, pièce par pièce, avec amour, il rassemblait les tableaux anciens et les meubles, les faïences rares, les orfèvreries arrachées au creuset du fondeur, les bronzes romains que parfois la charrue du paysan déterre, reliques doublement chères au cœur du Provençal et au goût délicat du collectionneur ; disant encore l'originale physionomie de ce petit homme au vaste front, au masque socratique toujours souriant, toujours éclairé de joie, et son affectueuse hospitalité — car pour lui tous les artistes étaient des frères — et, ces dîners de la Barthelasse, verdissante académie dont Mistral et lui étaient l'âme, qui avec les vers, les chansons, les brindes où coulaient les vieux vins des vignes papales, avec un souffle de bataille et de renaissance flottant au-dessus, donnait l'illusion, et mieux certes que l'illusion d'un Décaméron de lettrés dans quelque idéale république.

« Sous le grand ciel blanc — le flot noir reflète la lune joyeuse. — Du gothique Avignon — les palais et les tours — font des dentelles — dans les étoiles.

» Avignon grillé — parfois sommeille, — mais s'il assemble au soleil — ses gais poètes, vite — il est des cigales — la capitale.

» On les croyait tous morts, — les vieux chanteurs ! — mais les fils ont la flamme — autant que les pères... »

C'est en provençal, tout cela, sans doute ! Mais qu'ils avaient raison, n'en déplaise aux esprits quinteux qui chicanent leur propre joie, qu'ils avaient raison les braves gens de chanter ainsi, puisque le filial orgueil de remettre en honneur la vieille langue des paysans faisait naître en leurs cœurs de si féconds enthousiasmes.

Oui ! il est admis qu'Aubanel mérite le titre de grand poète ; et nous pouvons désormais admirer impunément *La grenade entr'ouverte*, cet immortel cri d'amour d'un

Henri Heine moins ironique et plus douloureusement attendri, et *Les Filles d'Avignon*, ce merveilleux recueil de sonnets empourprés et de strophes somptueusement épanouies au milieu desquelles la *Vénus d'Arles* se dresse comme un beau marbre doré du soleil sur les débris d'un théâtre antique écroulé où poussent des fleurs éclatantes.

« O blanche Vénus d'Arles ! ô reine provençale ! — aucun manteau ne cache tes épaules superbes, — on voit que tu es déesse et fille du ciel bleu, — ta poitrine s'ouvre à nous et l'œil plein de lueurs, — s'étonne de plaisir devant la jeune hauteur, — des pommes de ton sein si rondes et si pures. — Que tu es belle ! venez peuples, venez téter — à ses beaux seins jumeaux — l'amour et la beauté. — O sans la beauté que deviendrait le monde ! — Luise tout ce qui est beau, — que tout ce qui est laid se cache ! — montre-nous tes bras nus, ton sein nu, tes flancs nus ; — montre-toi toute nue, ô divine Vénus ! — la beauté te revêt mieux que ta robe blanche... »

On sait par cœur la *Vénus d'Arles*. Pour faire comprendre Aubanel et l'admirable variété de son génie, citons plutôt entre autres ce sonnet de la *Sirène* éclatant comme un bel émail, et dont le fier dessin fait songer aux compositions à la fois raffinées et naïves de certains maîtres de la Renaissance.

« Sous le heurt éternel — de la vague hurlante ou apaisée, — sont des palais tranquilles — que l'eau transparente recouvre.

» Par là-bas passe un vaisseau — qui va faisant le tour du monde. — Alors pour que rien ne la cache — en arrière rejetant dans le ciel

» Sa fière chevelure, s'amuse — à folâtrer toute nue — la sirène sur les lagunes.

» Qui veut, dit-elle, être mon page ? — Et le maître d'équipage : « Holà, crie-t-il, un homme à la mer ! »

Mistral, ce nom et la comparaison, dès qu'il s'agit d'Aubanel, viennent naturellement sous la plume, Mistral est plus grand, plus épiquement ingénu, plus près de la terre, plus gaulois, à la façon de Virgile qui était Gaulois, lui aussi. Dans le vers coloriste et gracieusement ouvré d'Aubanel semble plutôt se refléter l'extrême complexité des races méditerranéennes : à côté de la noble ligne grecque on trouve chez lui, à chaque page, l'invention hardie et le trait précis des époques d'art, ou les entrelacs compliqués, les tons vifs et harmonieux de quelque arabesque sarrazine.

Hélas ! on essaie de parler du poète, et malgré soi on ne pense qu'à l'ami.

La dernière fois que nous vîmes Aubanel, il voulut nous conduire à une fantastique maison des champs, qu'il venait d'acquérir tout près d'Avignon, en pleine montagne, sous prétexte d'y essayer je ne sais quels vagues élevages, mais au fond dans l'intérêt de sa santé et pour se donner un but quotidien de promenade.

Cela s'appelle La Carliste : une grande maison solitaire, au trois quarts taillée dans le roc auquel elle s'adosse, et entourée d'anciennes carrières, abandonnées depuis le temps des papes, qu'une végétation folle envahit.

Aubanel réalisait là son rêve de solitude, heureux d'avoir une bergerie souterraine, et, pour domaine, un chaos d'abimes en miniature, où des vols d'oiseaux jamais troublés piquaient la figue ou la cerise.

Le terrain caillouteux et dur nous parut fertile, surtout en lavandes et en marjolaines. Mais, par contre, pas de voisins, une vue d'une pittoresque sauvagerie, et, derrière, avec leurs racines presque au niveau des toits, un grand bois de pins embaumant la résine et dont les aiguilles agitées imitaient le bruit de la mer.

Au retour, sous le couchant pourpré, la rive droite et la rive gauche, Ville-Neuve, le fort Saint-André et Avignon, unissants leurs masses gothiques par-dessus le

Rhône, qu'on ne voyait pas, ne formaient plus qu'une ville immense.

« N'est-ce pas que c'est plus grand que Paris ?... » nous dit Aubanel avec des larmes d'admiration dans les yeux.

Et pourtant ses amis savent de quel amour il aimait Paris, et comme il le comprenait, ce provençal !

Il ne reverra plus son Avignon du haut des collines de La Carliste, et les amis parisiens attendront en vain son grand voyage de tous les ans, joyeux et longtemps médité comme une école buissonnière.

Par l'étroite rue terminée en impasse, où des grilles ouvragées, derrière lesquelles brille un pot d'œillets, se bombent aux fenêtres des rez-de-chaussée, on l'a conduit à cette petite église de Saint-Pierre, sculptée comme un bijou, qui sous ses voûtes a gardé un écho des noëls de Saboly, puis au cimetière dont les grands arbres courbés par le vent gardent éternellement une attitude de tempête.

Mistral l'a dit : «Confesseur de Dieu durant toute la vie, aujourd'hui dans le sein de Dieu tu embrasses pour toujours la suprême beauté que tu avais vue en rêve et que tu nous dévoilais dans ton ardente poésie. »

Chrétien, il est mort en chrétien; mais la foi ne l'empêchait point d'admirer et d'aimer les immortelles créations de l'art; et tandis que les prêtres priaient, plus d'un ami, en suivant ton convoi, a dû se répéter ces vers :

« O douce Vénus d'Arles, ô fée de jeunesse ! — Ta beauté qui rayonne sur toute la Provence — fait belles nos filles et sains nos garçons ; — sous cette chair brune, ô Vénus ! il y a ton sang, — toujours vif, toujours chaud. —

Et nos jeunes filles, — voilà pourquoi elles s'en vont la poitrine découverte ; — et nos gais jeunes gens voilà pourquoi ils sont forts — aux luttes des taureaux, de l'amour, de la mort. — Et voilà pourquoi je t'aime, et ta beauté m'ensorcèle ! — et pourquoi, moi chrétien, je te chante, ô grande païenne ! »

Pour symboliser son paganisme ingénu il faudrait, sur le piedestal de la croix qui te recouvre de son ombre, sculpter cette noble image de la Vénus d'Arles, en qui pour lui, dans sa grâce et dans ses splendeurs, s'incarnait la terre natale. On ne voudra pas, on n'osera pas ! Un Léon X pourtant l'eût permis sans y soupçonner de sacrilège !

ARLES

ARLES

On nous reproche quelquefois, à nous autres Provençaux, de parler trop souvent et trop volontiers de la Provence. Le fait est sans doute exact, mais le reproche me semble médiocrement justifié.

Que peut-on, en effet, demander à l'artiste, à l'écrivain, sinon qu'il exalte et traduise ce qu'il aime et connaît le mieux, — et qu'aime-t-il le mieux, que connaît-il le mieux, sinon la chère terre natale ?

Dans tous les cas, si c'est là un travers, souhaitons que ce travers soit partagé par quiconque tient un pinceau, un ébauchoir ou une plume. L'art national, les lettres françaises ne risqueront que d'y gagner, car toute province a sa beauté, tout coin de champs sa poésie.

Et non pas seulement, certes ! dans le Midi.

Pendant que Ferdinand Fabre, Alphonse Daudet, Cladel, Pouvillon écrivaient leurs nouvelles et leurs romans pénétrés de soleil, parfumés de senteurs montagnardes, Coppée, subtil parisien, découvrait  des trésors de grâce mélancolique dans les petites rues tristes des faubourgs et parmi les grêles banlieues.

Gérard de Nerval, parisien aussi, mérite peut-être autant de gloire pour ses fins paysages mouillés d'Ile-de-France où passe l'ombre de Sylvie, que pour les descriptions lumineuses qu'il nous rapporta d'Orient. C'est au pays normand que nous devons *Madame Bovary*, le moins contesté de nos modernes chefs-d'œuvre ; et, puisqu'il s'agit de Flaubert, qui, après Chateaubriand, sut faire tenir le plus d'horizon dans une phrase, rappelons-nous cette phrase de *Salammbô* où, en plein désert africain, à propos de je ne sais quelles barbares funérailles, surgit magnifiquement évoquée la vision de la patrie gauloise :

« ... Mais les Latins se désolaient de ne pas recueillir leurs cendres dans des urnes ; les nomades regrettaient la chaleur des sables où les corps se momifient, et les Celtes, trois pierres brutes, sous un ciel pluvieux, au fond d'un golfe plein d'îlots. »

Au surplus, pour en revenir à la Provence, ce diable de pays met vraiment quelque malice à faire qu'on s'occupe de lui.

Quand ce ne sont pas les poëtes, ce sont les savants qui s'en mêlent !

Pour être juste, il faut reconnaître que le savant est ici doublé d'un poëte et d'un artiste.

Quelle agréable surprise de trouver au pays d'Arles et,  crayon en main pour prendre des croquis dont nous ne manquerons pas de nous emparer, le docteur Charcot et ses enfants, également amoureux des choses de la nature et de l'art. Il aime ainsi se délasser des grands travaux qui ont porté son nom aux quatre points cardinaux de l'univers, dans ce petit coin de Provence, terre de prédilection qu'il affectionne en connaisseur délicat, et qu'il visita souvent avec ses excellents amis Aubanel et Mistral.

Deux heures, tout Arles est sur les portes.

Une musique parcourt les rues, précédée de gamins marchant au pas et se disputant l'honneur de porter un grand bâton en haut duquel reluisent au soleil, dans l'éblouissement de leurs vives couleurs et de leurs dorures, les « joies » de la course de taureaux : longs rubans frangés et cocardes.

Car c'est aujourd'hui beau dimanche, un bruit de cloches remplit l'air, et il y a des courses aux arènes.

Suivons le monde qui se dirige vers l'amphithéâtre; et, par une enfilade d'escaliers noirs, de voûtes sombres, crevés çà et là et barrés d'une irruption de soleil, montons jusqu'aux derniers blocs de la frise.

Vu de là, le spectacle est admirable : au pied de l'immense mur, la ville et la plaine, avec le Rhône plus vaste et plus lent à cause du voisinage de la mer; à l'intérieur, autour de l'ovale de sable déjà envahi, sous un ruissellement de rayons qui rend plus éclatants les tons de vieil or de cette montagne de pierres croûlantes et brûlées, une foule bariolée s'agite le long des gradins devant un triple rang d'arcades, noires en bas de la nuit des couloirs, mais au-dessus découpées en pleine lumière et faisant dentelle sur l'azur.

Incendié par le soleil, tout un côté des gradins est vide. En face, les spectateurs se groupent

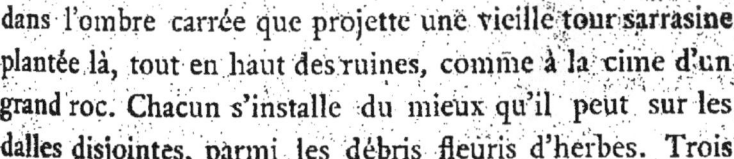

dans l'ombre carrée que projette une vieille tour sarrasine plantée là, tout en haut des ruines, comme à la cime d'un grand roc. Chacun s'installe du mieux qu'il peut sur les dalles disjointes, parmi les débris fleuris d'herbes. Trois

ou quatre tentes retenues par des cordes abritent — souvenir du velum de pourpre ! — des buvettes improvisées. Un tapis rouge, jeté sur un fragment de mur revêtu de marbre où se lisent des lettres latines, indique les places d'honneur réservées à MM. les officiers. C'est là qu'étaient jadis les sièges des vestales.

Le haut de l'édifice, assez large et relativement aplani,

sert de promenoir pendant les entr'actes qui séparent chaque course. Finement gantées, le teint mat et pâle sous l'ombrelle, les Arlésiennes au costume classique blanc et

noir, les Beaucairoises plus fantaisistes, en jupon bleu, en fichu rouge, balaient du satin de leur traîne la poussière des siècles. C'est une musique de rires, une fusillade de regards noirs ou vert de mer, un défilé de nuques brunes et de corsages en chapelle — suivant la galante expression du pays — sous les plis fins, accumulés, transparents et blancs des mousselines.

À vrai dire, les promeneuses m'ont fait oublier les taureaux ; et tandis qu'en bas, dans une tempête alternée d'applaudissements et de sifflets, la jeunesse court et se culbute autour de *Boucabeou*, un Camarguais fauve, croisé d'espagnol, qui porte une cocarde de cent francs entre les cornes, je me sens vaguement et doucement attendri à la pensée de cette antique cité latine, autrefois capitale avec des Empereurs, puis République libre, aujourd'hui, hélas ! déchue et sous-préfecture, mais demeurée fidèle aux vieux usages, et qui vient fièrement, joyeuse et parée comme aux jours de gloire, s'asseoir dans son amphithéâtre qu'elle n'arrive pas à remplir.

Il est bon quelquefois de rêver du passé. Demain est un pays tout noir, comme a dit Gustave Mathieu, le mystère

13.

nous en sépare ; et revivre dans les aïeux, semble encore ce que l'homme a trouvé de mieux pour allonger un peu la faible somme de jours que nous accordent les dieux avares !

Voici quelques années déjà nous fîmes avec notre cher

Monselet l'obligatoire tournée des cafetons sous la conduite d'un camarade qui, natif du pays, voulut bien jouer le rôle de Virgile dans notre promenade à travers les cercles de cet enfer aimable et bon enfant ?

Après une journée perdue en doctes flâneries, nous avions dîné à la Croix-Blanche, chez l'hôte Moulin, un brave homme qui, en ce siècle de maîtres d'hôtel déguisés en croque-morts, de sauces chimiques et de boissons frelatées, a conservé en même temps que le noble costume immaculé dont les *chefs* d'autrefois se revêtaient aux jours de bataille, la tradition des plats sincères et des vins faits avec du raisin.

Au dessert, les forces étant revenues, nous voulûmes parcourir Arles la nuit et admirer encore ce que nous avions admiré déjà. Avec la nuit, le détail disparaît; sur un

fond moins distinct les lignes des monuments s'agrandissent et évoquent, plus poétiques, les images du passé.

Nous vîmes ainsi le Rhône tout d'argent sous le clair de lune, immense entre ses rives perdues dans l'ombre et poussant ses flots à grand bruit. Nous vîmes l'obélisque, et Saint-Trophime, et les arènes, et le théâtre antique où les cigales, habitantes d'un vieux figuier poussé dans les débris de marbre, s'étaient tues pour laisser une chouette, l'oiseau de Minerve, chanter.

Devant un palais, on nous montra deux colonnes du

portique curieusement tortillées en cep de vigne : Théophile Gautier, à qui jamais mot ne manqua pour traduire exactement une image, appelait ces colonnes, colonnes d'ordre Salomnique.

On alla ensuite aux Aliscamps, noyés de transparences féeriques, nous dérangeâmes deux amoureux en train de roucouler sur une tombe. Le Compo-Santo arlésien, où le paladin Roland voulut être enterré, est d'une belle mélancolie avec

ses alignements de tombeaux romains, les uns intacts, les autres béants sur lesquels en cette saison, les peupliers balancés au vent promènent lentement la claire dentelle de leur ombre. L'herbe est partout fleurie et drue. Des couples s'y égarent à la tombée du jour; et dans des trous creusés exprès sur le couvercle des tombeaux, le soir, les oiseaux viennent boire.

Que le bon saint Trophime, évangélisateur des Gaules, leur pardonne ce sacrilège : aux environs de l'étroite grotte cachée par un rideau de figuiers sauvages et de ronces où si longtemps il confessa, les asphodèles, nobles et droites sur leur tige évoquent irrésistiblement de vagues pensers virgiliens.

Il en fut toujours un peu ainsi au pays de la Vénus d'Arles.

La chrétienne sévérité s'y voile, malgré tout, de douceur antique.

Sans compter que parmi les belles patriciennes de la cité des Constantin qui voulurent dormir à l'ombre de ton ermitage, ô Trophime ! et dont nous foulons émus, par quels lointains ressouvenirs ? les tombes vides et fleuries, plus d'une peut-être en pleurant Jésus songeait encore à Adonis, et confondait avec quelque nouvelle Psyché venue d'Orient cette adorable Magdeleine, sainte par les larmes et l'amour, et qui fut « la douce amie de Dieu sur terre », comme disait il y a quatre cents ans un vieux poète provençal contemporain de Nostradamus, bon Français, parfait catholique, mais tout de même un peu païen.

EN CAMARGUE

EN CAMARGUE

On s'éveille au jour à peine blanchissant — car il s'agit de ne pas manquer le bateau — dans Arles encore endormie.

Des chiens et des chats attendent aux angles des maisons, sous la classique niche à jour soigneusement passée à la chaux, et le plus souvent veuve de sa vierge.

De loin en loin, une porte s'entrebaille, une main soulève le rideau d'étamine qui laisse circuler l'air en arrêtant les moustiques, et une Arlésienne apparait, coiffée de sa coiffure du matin, simple mouchoir noué au chignon, qui couronne toutes ces têtes moresques, romaines ou grecques de la même immuable et charmante paire de cornes blanches.

Peu à peu, la ville se peuple; voilà l'heure du café au lait! En Arles, tout le monde, grands ou petits, riches ou pauvres, prend son café au lait aussitôt l'œil ouvert, à cause des fièvres. Il y a des débits spéciaux où les femmes s'en vont, discrètes, chercher dans une tasse à fleurs pour un sou du précieux mélange. Les hommes entrent et s'attablent.

Faisons comme les hommes. Honorons de notre clientèle ce minuscule cabaret dont l'enseigne, d'ailleurs engageante, brille *Rue du Bureau-de-Tabac*.

Des tables et des bancs. Pour tout meuble, un fourneau sur lequel le café bout. Pour tout ornement, une glace flanquée à droite d'un Garibaldi en train de frotter les Prussiens sous Dijon, et à gauche d'une sainte Marthe menant la Tarasque enchaînée. Au plafond sont accrochés, avec leur brin de peuplier, des nids de fauvette penduline, pareils à des bas de bébé, en douce laine grise.

Niez donc la chance ! Un consommateur s'assied près de nous, et, tandis qu'on le sert, tire gravement de sa poche une fouace à l'huile. Les gens l'appellent capitaine. C'est en effet le capitaine du bateau à vapeur qui doit nous conduire à la Tour-Saint-Louis et aux embouchures du Grand-Rhône.

La descente dure trois heures, sur le Rhône de plus en plus démesurément élargi.

L'eau s'étend jusqu'à l'horizon, çà et là barrée de terres basses. Des poteaux, peints en rouge et en blanc, marquent les passages dangereux, la place des digues noyées. A leur cime, parfois se tient un oiseau — bécassine, courlis ou héron — qui s'envole au clapotis des roues.

Le fleuve bourbeux dont notre vitesse « double » c'est-à-dire dépasse le courant, semble immobile et comme solide. Dans une purée de débris végétaux prêts à se transformer en buissons, roulent des arbres déracinés, des animaux morts, de grands îlots flottants faits de broussailles enchevêtrées. Tout cela descend des Alpes après chaque orage et s'en va augmenter de quelques mètres le front du Delta Camarguais.

Le soleil se lève. Arles, derrière nous, découpe sur les blancheurs d'un ciel matinal sa fière silhouette de capitale déchue. Puis Arles disparaît, nous laissant au milieu d'un paysage de verdure et d'eau que borne au lointain, par delà d'indécises étendues, un cercle de montagnes transparentes, aux lignes pures.

Notre chargement ne manque pas de pittoresque.

Le pont est comme une immense nature morte où s'entassent — provisions destinées à nourrir la Camargue toute une semaine — tomates, melons et raisins, des pastèques et des figues, des liasses d'oignons violets, du pain frais sortant du four, des barils de bière ou de vin et jusqu'à de la viande de boucherie.

A des endroits fixés que le capitaine inspecte au passage à l'aide de sa longue-vue, parfois quelqu'un fait signe, du milieu des roseaux, sur *la levée*. On accoste, on embarque quelque braconnier suivi de ses chiens, un ouvrier des salins de Girard, une femme de douanier qui s'en va jusqu'à Barcarin ou Faraman.

Souvent aussi il s'agit simplement de mettre à terre un baril, un panier et même une simple bouteille, que le capitaine dépose dans l'herbe, à la garde de Dieu, en ayant soin pourtant d'attacher un bout de journal à la cime d'un roseau, à la branche d'un osier, pour faciliter les recherches du destinataire.

C'est ainsi que, sans trop d'ennui, on arrive à la Tour-Saint-Louis, tout près des embouchures.

Après quoi, si le mistral le permet, il n'y a plus qu'à passer le fleuve sur le premier *barquot* venu.

Elle mériterait d'être longuement décrite cette terre française de Camargue, plus curieuse à coup sûr que tant de lointains pays où les amateurs d'émotion vont chercher du nouveau.

Mais on est très bien dans la cabane — (si tu la regardais du dehors avec son toit brun encapuchonné à la pointe duquel, ornement bizarre, se recourbe, revêtue de plâtre, une énorme corne pareille à celle du rhinocéros, tu rêverais de quelque habitation étrangement pré-historique et lacustre.) — Oui ! on est trop bien, pour s'y «livrer à la littérature » dans la cabane basse recouverte de roseaux dont les sommités en panache nous font un superbe plafond de velours vert.

Par la porte ouverte, on voit le long des flaques du Rhône-Mort, parmi les salicornes et les saladelles, paître les taureaux noirs et galoper les blanches cavales sarrazines.

Un héron, pattes étendues, puis une troupe de canards passent.

Le soleil se couche à ras du sol, éclairant d'un dernier rayon horizontal les tamaris rabougris que le vent écrête.

Et tandis qu'à deux kilomètres, par delà un inextricable labyrinthe de chaussées naturelles et d'étangs, d'eaux salines et de terres mouillées, la vraie mer déferle à grand bruit sur la plage de sable semée d'épaves, les hôtes du logis, solides garçons de vingt ans aux traits anoblis par l'habitude du danger quotidien, de la vie libre et du grand air, cuisinent en commun, joyeusement, après quinze heures de chevauchée, le lapin pris au piège et les poissons qui leur serviront de souper.

Tout près sont les Saintes-Maries.

Les Saintes-Maries où, si vous voulez, la ville des Saintes, ne sont pas une ville mais un petit, tout petit village perdu près de la mer, en un coin de Camargue. D'une lieue, on n'en voit guère que l'église qui, fortifiée jadis contre les incursions sarrasine conserve encore sa vieille couronne de créneaux. A droite, à gauche, une plage sans fin assiégée par le va-et-vient du flot, semée de débris de navires où, sur les sables chauffés du soleil, danse un perpétuel mirage. Derrière, des étangs bordés de maigres tamaris, des étendues de saladelles dont les fleurs d'un bleu tendre luisent avec des reflets d'eau ; et, ça et là, dominés par la silhouette d'un gardien debout sur sa haute selle, portant la pique et le lasso de crin tressé, des taureaux, des cavales blanches dont les mugissements ou le galop effraient parfois un couple de flamands roses qui s'envole.

C'est en cet endroit que, sur un bateau sans voiles ni rames, débarquèrent, accompagnées de Sara la servante, Jacobé, Salomé et Marie-Magdeleine. On dirait que, de cette visite, avec leur teint rendu plus mat, leurs yeux agrandis par la fièvre, les filles du village gardent encore quelque chose d'oriental.

Nul curé plus heureux que le curé des Saintes !

Pour Notre-Dame de Paris ou bien pour Saint-Trophime d'Arles, il n'eut pas échangé sa petite église où sont les reliques, le puits qui est doux et guérit de la rage, bien que creusé en plein sable amer, et la barque sacrée

qui, tous les ans, fait le « miracle ». Voici en quoi consiste ce miracle : le jour des Saintes, à la suite de la procession, les porteurs qui portent la barque entrent dans la mer jusqu'aux épaules ; mais aussitôt que la barque a touché la mer, un rayon s'étend sur l'eau, jusqu'à l'horizon, et, indiquant par où les Saintes sont venues, trace un long chemin de lumière.

De plus, le bon curé possédait un jardin rempli d'antiquités romaines ; et, quand il y avait course de taureaux, personne ne se scandalisait de le voir au premier rang, grimpé sur une charrette et criant : *Zou !* du meilleur cœur, après avoir dépêché ses vêpres.

Mais il était heureux surtout, heureux et fier, à cause des Bohémiens.

Car les Bohémiens, tant de France que de Navarre, formaient l'élite de ses ouailles. Oui, ces noirs vagabonds, qui vont de hameau en hameau, vendant la bonne aventure et maquignonnant des chevaux borgnes, ne croient ni à diable ni à Dieu, mais ils ont grande foi en Sara. Comme elle était un peu mauricaude, ils la prétendent de leur race et de leur pays.

Quand vient la fête et qu'on expose les reliques, c'est eux qui chantent le plus fort et qui brûlent les plus gros cierges dans la crypte où sainte Sara gît enterrée.

— Des cierges, monsieur, en cire vierge et pesant huit livres ! me disait le bon curé attendri.

Bien mieux, c'est encore aux Saintes que, tous les dix ans, tous les quinze ans, ils viennent par milliers des quatre bouts du monde, élire et sacrer leur reine.

Le curé avait assisté à une de ces cérémonies. Il m'en parlait avec respect et mystère, insistant sur la beauté de la reine, sur ses diamants, ses bijoux d'or, son costume en étoffes éclatantes, et plus particulièrement sur le cadeau offert par elle à l'Eglise, cadeau, paraît-il, tout à fait royal.

SISTERON

SISTERON

De retour en Avignon, nous trouvons à la gare le jeune Folques de Baroncelli-Javon, gracieux et souple comme une statuette florentine, l'auteur d'une délicieuse idylle provençale, *Babali*, parfumée des âpres senteurs de la Crau. Il compte parmi ses ancêtres le maréchal Crillon et une nièce de Jules II; trait qui peint bien la courtoisie des gentilshommes du comtat, ce descendant des preux veut à toute force nous débarrasser de nos valises et nous sommes obligés d'user presque de violence et de ruse pour les porter nous-même à la consigne.

Le rédacteur en chef du journal provençal l'*Aïoli* marche brillamment sur les traces du poète Paul Mariéton, dont la *Revue félibréenne* a déjà groupé les jeunes homérides qui défendent ardemment les revendications de la langue romane : au premier rang, citons Pascal Cros, de la *Sartan*, Amouretti, Marius André, Léon Barthou, le très distingué secrétaire de la *Cigale*, et Charles Maurras, l'ami enthousiaste des prud'hommes pêcheurs de Martigues. A leur tête marche Auguste Marin, notre excellent confrère du *Petit Provençal*, qui dans son *Étoile des Baux*, a brossé vigoureusement des tableaux si ensoleillés de la vie marseillaise.

Après les jeunes, voici l'ancêtre: Roumanille, le merveilleux conteur qui donna le branle à la Renaissance, aujourd'hui si florissante, de la langue d'oc, est venu à notre rencontre.

Avignon est toujours la *Ville sonnante* de Rabelais ; elle est remplie de rumeurs et de chansons : un fifre suffit pour faire accourir tout le monde au seuil des portes et dans les rues.

Le vieux Capoulié, toujours jeune, toujours pétillant de malice, est souriant dans sa barbe grise; il évoque l'image de quelque ancien pape d'Avignon, mais d'un pape qui, tout en rédigeant d'une plume alerte un bref pontifical, laisserait échapper de sa bouche spirituelle mille traits caustiques.

D'un ami dont il eut quelque peu à se plaindre, il nous dit avec bonhomie :

« Il est riche : il est malade : Dieu fait bien ce qu'il fait ! » Et sa figure s'illumine d'un éclair de résignation malicieuse.

Nous l'accompagnons — car l'heure est trop avancée — jusqu'à sa paisible demeure de la rue Saint-Agricol que tant d'illustrations ont traversées et qui est toujours le centre artistique et intellectuel du Midi provençal.

Le jeune félibre Folques nous invite à pénétrer dans son palais de la Rovère : rien ne peut traduire l'impression extraordinaire que produisent à la clarté des étoiles exécutant leur danse animée et joyeuse sur l'azur sombre du firmament, la vaste cour entourée de hautes murailles crénelées, et éclairé des lueurs fantastiques d'une lampe falotte, le spacieux vestibule d'où s'élance le monumental escalier que gardent deux couleuvrines données par Henri IV au brave Crillon.

Primitivement l'hôtel de Javon fut la propriété du cardinal de Manesque. Le pape Jules II l'acheta de moitié

avec Pierre de Baroncelli, chassé de Florence à la suite des troubles qui agitaient sa patrie. Le fils de Pierre, Barthélemy de Baroncelli, épousa la nièce du pape, Françoise de la Rovère, et eut, par ce mariage, la partie de l'hôtel qui appartenait à Jules II. A cette époque on sculpta sur la porte les armes des Baroncelli entourées des branches de chêne des la Rovère.

En 1793, le tribunal Révolutionnaire a siégé à l'hôtel Javon, dans le salon rouge, décoré par le Parrocel des batailles et l'on y voit encore une des glaces brisées d'un coup de sabre par un soldat de Jourdan Coupe-Tête.

Il est deux heures du matin : devant partir à la prime aube par le train des Alpes, nous prenons le parti d'errer à la belle étoile sur la terrasse des Doms et dans les rues si charmantes du vieil Avignon.

Aussi essayons-nous de sommeiller sur les banquettes du train qui nous emporte vers la frontière de la Haute-Italie et c'est comme à travers les brumes du rêve que nous apercevons dans le délicieux paysage de la campagne vauclusienne les villages perchés sur les collines et illuminés de soleil, entr'autres Cadenet, la patrie de Félicien David et de l'héroïque gamin qui battait la charge au pont d'Arcole.

A Pertuis, une halte d'une heure nous permet de visiter la ville. Un canal aux eaux rapides et claires féconde la plaine et coule au pied d'une terrasse d'où l'on découvre le Ventoux et le panorama de la vallée de la Durance. A l'entrée du cours, se dresse le buste de nous ne savons plus quel bienfaiteur local, élevé par la reconnaissance publique en récompense de travaux remarquables d'édilité !

En revanche, on nous paraît quelque peu oublieux de Mirabeau, l'illustre orateur et le puissant homme d'Etat de la Constituante. Pertuis possède pourtant la maison originaire des Riquetti, descendants comme chacun sait d'honorables et riches négociants de Marseille, les braves Riquet qui ajoutèrent à leur nom la terminaison en y d'abord, en i ensuite : c'était la coutume des familles bourgeoises de Provence qui, la fortune une fois acquise, marquaient ainsi leur demi-anoblissement.

La maison subsiste encore : il nous a été impossible de nous en procurer le moindre dessin ou la plus petite photographie; elle est néanmoins fort curieuse : construite sans doute au dix-septième siècle, elle porte sculptés à son fronton deux lions, deux amours, deux sirènes. La force, la passion, l'éloquence charmeresse, n'est-ce point Mirabeau tout entier ? L'artiste eut-il une vision anticipée de cet étonnant athlète qui devait bouleverser son pays et son siècle !

En route maintenant pour Sisteron ! Etes-vous allés à Sisteron ? Jamais sans doute. La route est hors de nos grandes voies, et contrarierait les habitudes consacrées par les excursionnistes, tous quelque peu fils de Panurge. Mais consentez un instant à vous jeter hors des sentiers battus : vous n'aurez point à vous en repentir.

Je comprends qu'Arène, avec la timidité de la jeunesse, se soit borné comme entrée de jeu dans la vie littéraire à illustrer sa ville natale en un chef-d'œuvre de bonne humeur, de chaude poésie et de clair soleil. Forcément il dût mettre une sourdine à son enthousiasme qui aurait pu paraître entaché de partialité : mais allez sans crainte vers cette étonnante cité et laissez votre admiration suivre son cours débordant, vous que n'enveloppe aucun motif de suspicion légitime !

Et toi, ami Charles Toché, qui, avant de renouveler les exploits des Tiepolo et des Véronèse, et de faire vibrer sous l'étincellement de ta palette les grandes salles du palais de Chenonceaux, avais parcouru l'Herzégovine, la Turquie, la Perse, le Turkestan et les grandes Indes, sois amicalement blâmé pour n'avoir pas encore, un mois durant, transporté tes chevalets dans ce petit coin de la patrie française, dans ce microcosme qui, j'en suis sûr, est le résumé de toutes les merveilles répandues sur la surface du globe dont quelque génie, ami de la synthèse, a voulu accrocher négligemment la réduction au flanc des montagnes bas-alpines.

C'est la Palestine, c'est l'Arabie Petrée, telles que nous les décrivent les voyageurs; c'est la Sonora, telle que je l'ai vue avec ses alternances de déserts brûlés et d'oasis d'une invraisemblable fraîcheur : je suis surpris de ne point voir défiler sur leurs montures indomptées, de hardis cavaliers coiffés de larges *sombreros* et enveloppés de leurs *sarapes*.

La voie longe la Durance grondante et grise au milieu de ses cailloux sacrés, par lesquels Mistral jure quelquefois d'un serment aussi solennel que celui du Styx pour les Dieux de l'Olympe.

Voici Mirabeau, où les ancêtres du grand tribun achetèrent leur marquisat, et sa chapelle romane à demi ruinée; voici les Mées avec son étourdissante procession de pénitents pétrifiés; voici Peyruis où naquit Pétrone, l'arbitre des élégances latines.

Voici enfin Sisteron surmonté de sa citadelle, où se trouvent les clefs de la Provence, et dont la silhouette, encadrée d'oliviers tourmentés et vigoureux, rappelle le dessin classique de l'Acropole.

Trois jours, je suis resté à Sisteron et trois fois, Sisteron, avec une coquetterie du diable changea chaque jour d'aspect.

D'abord, il se montra resplendissant à notre arrivée, dans le rayonnement d'un soleil d'une crudité sauvage. A parcourir ses rues antiques, étroites, escaladant les cieux, dont les maisons, à l'abri des vieilles tours républicaines, sont reliées, à des hauteurs vertigineuses, par des arceaux d'un stupéfiant caprice et d'une fantaisie extravagante, on se croirait à Sorrente, à Caprée : sur le seuil des portes de très belles filles, à la bouche rieuse, et des chats pelotonnés au soleil avec l'impassibilité tranquille de divinités égyptiennes. L'église avec ses grandes marches et ses énormes piliers, avec le dôme qui surplombe son clocher pentagonal, a les allures d'une mosquée.

Le lendemain, c'est la pluie, c'est l'orage qui rend plus sinistre et d'aspect encore plus infernal le pont du Diable, la petite poterne par où grimpa Napoléon Ier à son retour de l'Ile d'Elbe, le vieil égout du Trou-du-Loup où fut précipité de Béez, l'un des envoyés officiels du cardinal de Richelieu et qui me fait rêver des drames impériaux de la *Cloaca Maxima* de Tarquin ; la guérite du diable (toujours ! c'est vraiment le pays d'Asmodée) fixée dans les nues au-dessus des précipices et des abîmes ; et, sur la rive opposée, le rocher aux anfractuosités michel-angesque, immenses tuyaux d'argile où le mistral s'engouffre, exécutant comme avec de gigantesques trombonnes, la musique du Jugement dernier.

Le troisième jour, la tempête s'apaise ; le soleil resplendit à nouveau, et un vent léger tempère l'ardeur de ses rayons. C'est le moment d'aller aux Oulettes, dont, avec sa bonne grâce provençale, Mlle Isabelle Arène consent à faire les honneurs.

C'est là, où Jean-des-Figues naquit « au pied d'un figuier, un jour que les cigales chantaient et que les figues-fleurs, distillant leur goutte de miel, s'ouvraient au soleil et faisaient la perle ».

Quelle délicieuse promenade, sur le chemin accroché aux flancs de la montagne, en face de Lure, dont les abeilles produisent un miel exquis, d'un parfum un peu plus suave que celui de l'Hymette et que Banville a chanté. Et tandis que frissonnent en haut des ravins, les herbes folles et le feuillage argenté de l'olivier, nous nous acheminons gravement vers le champ familial où s'épanouit le vert laurier, où l'amandier prodigue tour-à-tour sa floraison neigeuse et ses fruits parfumés. Auprès du bastidon rustique,

jaillissent des eaux vives, et à leur source se dressent, élégants et gracieux, les bambous que Jules Arène rapporta de Chine avec de précieux objets d'art et tant d'observations curieuses, bien avant que la Chine et le Japon fussent parmi nous à la mode.

Mais il est temps de rentrer, le temps presse et je veux tout voir.

Une arche des plus hardies relie la ville au faubourg de la Baume; traversons le pont pour aller au vallon virgilien de Mardaric qui nous apparait comme le dernier refuge des nymphes mythologiques.

Le vieux couvent des Dominicains et son église délabrée, sont conservés avec un soin jaloux au milieu de son exploitation rurale par un amateur éclairé M. Eyssérie. Le clocher était autrefois surmonté du fameux diamant de la reine Jeanne, dont le scintillement illuminait la vallée.

Les grandes fenêtres ogivales de l'église abandonnée sont tapissées extérieurement de vigne vierge et de plantes grimpantes qui s'harmonisant avec la perspective lointaine des montagnes, forment des vitraux naturels d'une poésie étrange.

Mais faut-il que rien ne soit parfait sur notre planète ? Nous trouvons en rentrant sur la place, une escouade de démolisseurs prête à escalader la vieille tour de l'Horloge.

M. Louis Lagrange, un sisteronnais de la bonne sève et de pure race, un des hommes qui connaissent le mieux l'histoire de leur petite patrie — car, avec une patience de bénédictin et une savante méthode d'érudit, il a passé vingt ans de sa vie à parcourir et à classer les archives municipales, — et notre ami Turin qui, jeune encore, se trouve être le doyen de la presse bas-alpine, sont d'accord, malgré la divergence de leurs opinions politiques, pour nous signaler avec indignation le sacrilège et pour dauber avec entrain sur le mauvais goût des autorités ecclésiastiques qui remplacent dans l'église les vieux santons par les statues coloriées venues de la place Saint-Sulpice, et des autorités locales qui enlèvent sans façon l'un de ses plus beaux fleurons à la couronne de la cité !

N'est-il pas absurde, en effet, d'abattre, sous prétexte de progrès, le vieux beffroi qui appela tant de fois les citoyens à la défense des libertés municipales ?

Nous promettons de crier à notre tour au vandalisme et après avoir choqué nos verres, emplis du vin illustre du prieur de Parasols, nous buvons avec conviction au rétablissement prochain et rapide de la tour aux lignes jadis si fières et dont les premiers débris viennent maintenant presque à nos pieds, joncher le sol de la place, tandis que nos yeux sont éborgnés de la poussière immonde des plâtras.

EN DAUPHINE

EN DAUPHINÉ

Die ! Au sortir du col de Cabre, après un voyage de douze heures, le long des torrents, à travers des rocs éboulés, par une route aux interminables zig-zags jalonnés çà et là de croix rappelant quelque mort tragique de voyageur pris sous la neige, c'est la plus pittoresque des surprises que d'arriver dans cette petite cité restée romaine, justement fière de ses remparts bâtis de débris antiques comme l'étaient ceux de Narbonne et de son Arc-de-Triomphe que flanquent deux tours.

De plus, quelle aimable réception, quelle cordialité sur les visages, et comme elle est bien là au milieu des fleurs et des eaux jaillissantes, cette comtesse immortelle uniquement pour avoir aimé, que Mme Clovis Hugues a représentée souriante et les yeux mi-clos avec je ne sais quoi de l'énigmatique attrait de la Joconde.

Si nous nous recueillions une journée ! Justement Crest est à deux pas et Saou n'est pas loin.

En route, nous traversons Marsanne que Louis XI fit

fortifier et dont Lesdiguières éprouva la valeur défensive durant les guerres civiles de religion qui désolèrent le bas Dauphiné. Le château démantelé à l'époque de la révocation de l'édit de Nantes, a été scrupuleusement restauré par l'un des héros du siège de Sébastopol, M. le général de Montluisant, qui, en sa qualité d'érudit très amoureux des choses du passé, y a rassemblé un grand nombre de curiosités archéologiques.

A partir de Crest, dont la tour célèbre se détache fièrement dans l'azur, la route fut charmante : sur les hauteurs, elle est bordée de verts genevriers, chargés de baies dont, ivres de joies, les grives viennent imprudemment se gorger.

En quelques heures nous nous trouvons chez nos amis Silvestre, au fond d'une vallée égayée de ruisseaux et de sources, dans un manoir demi-rustique, laissé tel qu'il y a six cents ans, près d'un vieux moulin à la retraite, dont la roue moussue ne tourne plus.

Paresseux et couchés sur l'herbe, nous fermons les yeux tranquillement, oubliant de surveiller si les truites viennent se prendre au filet dont on nous a confié la garde.

Le manoir qui nous abrite a son histoire : il fut donné par François Ier à l'un de ses plus fidèle écuyers, Giraud d'Eure en récompense de glorieux services : il est situé à l'entrée de la magnifique forêt de Saou, tout près de la roche de Pertuis, d'où la Vèbre verte et limpide sourd de lacs profonds et mystérieux, entre des rochers blancs comme l'albâtre. Construit à la fin de quinzième siècle, il n'a plus l'allure féodale des vieilles forteresses du Moyen-Age. Simple maison forte, à l'époque des guerres de la Réforme, il n'en soutint pas moins honorablement un siège et essuya le canon des armées royales. En dépit de

ses tourelles et de ses fossés, maintenant changés en viviers et peuplés d'écrevisses qui s'esbaudissent dans ses eaux vives, c'est une délicieuse résidence champêtre au milieu de verdoyantes prairies, à égale distance du village et de la forêt.

La forêt de Saou est une des plus magnifiques de France : extrêmement touffue, elle est comme enfermée dans un immense vaisseau dont ces roches abruptes forment les gigantesques parois ; partant des crêtes, elle s'enfonce sans interruption jusqu'au fond des vallées dans des prairies que traverse, en serpentant, un petit ruisseau aux eaux cristallines.

Elle s'étend des cimes de Rochecourbe jusqu'à l'étroit Pertuis et au *Pas du Turc*, ainsi dénommé en souvenir de quelque vieille défaite sarrasine Le *Pas du Turc* et le *Pertuis* en constituent en quelque sorte les Thermopyles.

Elle est habitée par des troglodytes bizarres qui tendent à disparaître.

Successivement la propriété des évêques de Valence et de la florissante maison de Poitiers, elle appartenait, ces derniers temps, à l'avocat Crémieux, ancien membre du gouvernement de la Défense Nationale.

Le village est curieux à parcourir : jusqu'à ces dernières années, l'on y fabriqua de la porcelaine blanche et sans décor que l'on retrouve aujourd'hui devant les vieux dressoirs de Provence et de Dauphiné.

Nous eussions voulu vivre longtemps tranquilles dans notre coin.

Mais le sort en était jeté ! Nous nous devions aux excursions. On ne nous eut point pardonné de négliger la forêt, le Pas-du-Turc et Bourdeaux, dominé par de pittoresques ruines où la tradition fait naître Diane de Poitiers, duchesse de Valentinois. Cité plaisante, avec son ruisseau gazouillant, et son petit café à la terrasse duquel le conseiller général du canton, l'excellent Louis Blanc, initié à

tous les secrets intéressant la gourmandise, nous vante les gigots fameux de Couspeaux. Couspeaux, que nul ne l'ignore ! est une montagne voisine dont les lignes grandioses le laissent absolument froid ; mais son cœur tressaille à la vue des innombrables troupeaux qui la couvrent et son estomac se réjouit par avance en contemplant les doux moutons qui broutent innocemment ses herbes parfumées.

Le moyen également d'éviter la visite obligée aux merveilles classiques du Dauphiné: les Grands et les Petits Goulets, le col de Rousset d'où l'on communique de la vallée de Die dans le Vercors, aussi frais et verdoyant que la Suisse, la belle forêt de Lante, dont notre ami Georges Lyon, l'un des maîtres les plus distingués et les plus brillants de la rue d'Ulm nous fait très aimablement les honneurs, enfin, les gorges grandioses et sauvages d'Omblèze, où Louis XI, alors Dauphin de France, vint chasser le renard, où Mandrin, encore en vénération chez le peuple, comme l'un des précurseurs du libre-échange campa souvent au milieu de ses contrebandiers.

Beaufort n'est pas oublié : nous avons l'heureuse chance d'y trouver en villégiature M. Adrien Didier, l'un des maîtres de la gravure contemporaine.

Mais Saou est toujours notre Thébaïde tranquille et nous y venons reprendre et trouver le repos nécessaire avant les grandes expéditions.

Il y a deux ans, nous étions partis de là pour Orange et notre œil garde encore la vision du colossal théâtre tout rouge aux rayons du couchant, de la montagne gardée par des soldats qui prenaient malgré eux, au milieu de ces murs croulants, des allures de légionnaires, tandis que la foule se pressait aux portes et que vingt mille spectateurs, Provençaux, Dauphinois arrivant de loin pour la noble joie d'entendre de la musique et des vers, prenaient place sur les gradins, n'ayant d'autre plafond que le ciel bleu, clair tout d'abord, mais bientôt plus sombre, brodé de l'or frémissant des étoiles.

Ces fêtes poétiques sont demeurées célèbres par le nombre vraiment surprenant de discours où des orateurs tels que Frédéric Mistral, Henry Fouquier, Madier de Montjau, Deluns-Montaud, Maurice Faure, Clovis Hugues, enthousiasmèrent les auditeurs par de vrais chefs-d'œuvre de goût, d'atticisme, de finesse et de verve étincelante. Rien de tout cela ne fit oublier l'hospitalité si fraternelle, si cordiale, des habitants de la bonne et charmante ville de Die, ni surtout un incident pittoresque et touchant qui marqua le début des fêtes.

A la station de la petite ville de Saillans, dans la vallée de la Drôme, à quelques kilomètres de l'ancienne capitale du Diois, au milieu de la population rurale apportant à la caravane poétique les fleurs de ses jardins et les fruits de

ses champs, un robuste villageois, au teint bronzé, à la mâle et spirituelle physionomie, s'avança vers Henry Fouquier et lui tint ce discours prononcé avec une émotion qui n'enlevait au rustique orateur rien de sa noble aisance :

« J'ai tout lieu de croire que vous excuserez le paysan agriculteur, et j'ai la conviction que vous préférerez mon langage un peu rude aux miévreries et aux finesses prétentieuses dont les gommeux sont coutumiers.

» J'ai tort peut-être de prendre la parole, mais il y a des circonstances où la bouche parle de l'abondance du cœur.

» Ceci dit, Messieurs, laissez-moi vous saluer au nom du conseil municipal de Saillans et vous dire : vous allez inaugurer le buste d'une illustre comtesse, exécuté par des mains habiles guidées par un grand cœur (les femmes se devinent même à travers les âges). La comtesse de Die a inspiré à Mme Clovis Hugues une œuvre vraiment digne de sa valeur poétique.

» Honneur à cette noble Dioise qui eut cette grande pensée : dans ces temps sombres, avec de la grâce, de l'amabilité, du gai savoir, tu pourras adoucir la barbarie et la cruauté de tous ces pourfendeurs. Dans les temps où la force étouffait le droit, cette vaillante châtelaine, comme Clémence Isaure, rendit de grands services à la cause de l'humanité.

» La poésie, Messieurs, avait trouvé son berceau dans nos montagnes, d'où elle prit son vol. Elle devint railleuse et plaisante avec Villon, grave et utile avec Abélard, frondeuse avec Rabelais, raison avec Voltaire et cœur avec Rousseau, sublime avec Musset et grandiose avec Victor Hugo.

» Tous ces grands morts et vous, Messieurs, ont fait de notre chère patrie la première nation du monde, c'est-à-dire la plus instruite et la plus civilisée ; merci. Merci aussi de nous faire l'honneur de vous arrêter quelques instants dans notre petite cité, qui, d'ailleurs, a toujours été ardente pour le progrès.

» Le temps presse, un dernier merci pour avoir ramené le beau temps avec vous ; nos cigales ne chantaient plus, vous leur avez rendu la voix.

» Il semble briller avec plus d'éclat au-dessus de nos têtes, à l'occasion de votre venue, l'astre radieux qui fit s'écrier, lors de l'éclipse de 42, ce jeune Avignonnais, en le voyant reparaître : « Oh ! béou souléou ! »

» Oui, beau soleil, qui féconde la terre, qui fera mûrir nos raisins, afin qu'à la pressée nous puissions remplir nos coupes et boire à la santé des Félibres, et à la prospérité de la France et de la République. »

Le citoyen Chastet, qui tenait ce poétique langage, auquel le président de la *Cigale* répondit par de chaudes et vibrantes paroles, est bien connu en Dauphiné par ses succès d'orateur populaire.

La presse parisienne et régionale, le grave *Journal des Débats* en tête, fut unanime à le couvrir de fleurs et Henry Fouquier, qui, malgré tout son scepticisme, avait été fortement empoigné, écrivait dans l'une de ses brillantes chroniques du *Figaro*, que ce vigneron, très pauvre, conduit son pays par l'éloquence comme autrefois Périclès à Athènes.

MAILLANE

MAILLANE

En terminant, allons saluer Frédéric Mistral à Maillane et admirer les Antiques à Saint-Rémy : nous nous sommes réservés pour le coup de l'étrier, les plus douces, les plus fortes sensations d'art, de poésie et de beauté.

Nos valises définitivement bouclées, nous voici à Tarascon !

Comme Brive-la-Gaillarde, Carcassonne, Carpentras, sur lesquels des écrivains de renom ont, en leur temps, ébréché le mordant de leur plume, Tarascon n'en reste pas moins, en dépit des railleries, une ville exquise, délicieuse et charmante.

Elle a vraiment grand air, baignée dans le Rhône éblouissant et superbe, avec les tours en vieil or de son château bâti par le roi Réné, avec son église de Sainte-Marthe remplie des œuvres magistrales de Vien, Parrocel, Mignard et Vanloo, avec ses rues tortueuses et ses maisons aux grilles ventrues et rebondies, rappelant les *moucharabi* des villes d'Orient.

En compagnie de M. Picard, le très aimable commissaire de surveillance du P.-L.-M., nous prenons la petite ligne de Saint-Rémy : chemin de fer minuscule et bon enfant.

Nos billets étaient pour Saint-Rémy : mais voilà qu'à une station intermédiaire nous entendons fifres et tambourins. C'est fête villageoise à Saint-Etienne-du-Grès.

Nous mettons vivement pied à terre et tandis que le train disparaît dans la direction de Saint-Rémy, nous nous dirigeons du côté où la symphonie champêtre nous appelle.

Nous entendons chanter sur l'air de l'*Aubade à Madame la Reine*, les beaux vers de notre ami Raoul Gineste, le poëte du *Rameau d'or* :

> *Tant que lou Rose boumbira*
> *Tant que lou pin souloumbrara*
> *Que l'olivie blanquejara*
>
> *Tant que la mar bacelara*
> *Que lou souleù souleilara*
> *Tant que lou mistrau boufara*
>
> *Païs galoï d'amour et de jouvenço*
> *Païs galoï tu saras la Prouvenço*
> *E nautre li fiou dou terrau*
> *Saren li Prouvençau*

Tant que le Rhône bondira gonflé — Tant que le pin étendra son ombre — Que l'olivier s'argentera sous le vent —

Tant que la mer battra la roche — Que le soleil soleillera — Tant que le mistral s'époumonnera —

Pays de joie, d'amour et de jeunesse — Pays d'amour, toi, tu seras la Provence — Et nous les fils du sol sacré — Nous serons les Provençaux —

La salle de bal rustique est décorée de drapeaux aux couleurs nationales : les murs et les colonnes sont tapissées de branches de myrte.

Surprise inattendue : à l'une des tables où devisent les buveurs, nous apercevons le profil apollonien de Mistral. L'illustre créateur de *Mireille* et de *Calendal* est avec son voisin d'Eyguières, l'excellent félibre Jean Bayol, le vaillant  et hardi gouverneur des Rivières du Sud, au milieu de paysans dont il a si magnifiquement chanté l'épopée. Le feutre gris, à larges bords, crânement posé sur son chef, le torse renversé, le sourire de l'homme heureux et fort sur les lèvres, il écoute quelque joyeuse *galejado* qu'il ne dédaigne pas d'agrémenter, à travers la fumée de son cigare, de mots piquants lancés au vol, semant la gaieté et le rire.

Il nous reconnaît à son tour, nous appelle à travers les groupes, les bras étendus pour l'accolade familière et la bouche déjà ouverte pour les souhaits de bienvenue. Nul plus que le génial poète n'est d'abord facile et familier.

C'est bien le lion « bon et brave », tel qu'il l'a vu pétrifié au sommet des Alpilles.

Notre intention était de passer la nuit à Saint-Remy et d'aller le lendemain à Maillane. Mais Mistral a tôt fait d'exiger amicalement la modification de notre itinéraire :

« Venez ce soir à Maillane où vous serez mes hôtes et demain je vous accompagnerai aux Antiques. »

La nuit approche ; il avise un fermier qui nous offre sa voiture pour nous amener à Maillane.

Avec quelle émotion nous pénétrons sous le toit hospitalier du poète ! Mme Mistral nous fait l'accueil le plus gracieux : d'origine bourguignonne, elle a adopté le costume et le parler de Provence. L'un et l'autre lui vont à ravir. Par sa beauté, son esprit bienveillant et fin, par le charme exquis qu'elle répand autour d'elle, elle est bien digne d'être la compagne de l'homme de génie qui l'a associée à son existence.

La maison de Mistral est située un peu en dehors du village, à l'angle de la route des Baux et de celle de Saint-Remy. Bâtie en pierres de taille, au milieu d'un beau jardin embaumé de fleurs, sans grand caractère artistique, c'est la demeure d'un bourgeois aisé.

Traversons la grille : on fait le tour de la maison et on pénètre dans l'*atrium*. Au pied de l'escalier, le buste de Lamartine qui, dans un Entretien célèbre, présenta à la république des lettres un des plus glorieux enfants de la poésie et de l'art.

A gauche le grand salon, peuplé de souvenirs, parmi lesquels le buste du poète par le sculpteur Amy ; à droite le cabinet de travail, avec la monumentale bibliothèque récemment construite par le menuisier du village.

Dans la salle à manger, qui fait suite, et sur les murs blanchis à la chaux, de vieilles panetières provençales, le pétrin classique, la boite servant à enfariner les poissons. Au-dessus de la grande fenêtre, un trident de gardien de Camargue et, accroché au mur, le fusil dont se servit le grand-père aux armées de la Révolution.

Le maître n'a rien du pontife ; c'est un causeur délicieux et ses saillies sont à tel point croustillantes que la jeune fille qui nous sert interrompt un instant son service, forcée de s'asseoir pour donner libre cours à son rire. Telle devait être la servante de Molière.

Autour de la table, miaule *Marcabrun* ainsi nommé en l'honneur d'un ancien troubadour qui, en opposition avec tous les poètes connus, osa se vanter en un distique célèbre, de n'avoir jamais été aimé. « Je suis Marcabrun, fils de la brune, qui n'en aima jamais aucune et d'aucune ne fut aimé. »

Cette devise ne conviendrait guère au chien *Pan-Perdut*, à qui son maître a été obligé d'attacher horizontalement une canne au-dessous du collier pour l'empêcher de passer à travers les barreaux de la grille et d'aller se perdre de réputation dans les rues du village.

Pan-Perdut a quelque peu détrôné Marçabrun dans le cœur de son maître : Mistral le trouva un soir grelottant dans un fossé ; nul ne put dire d'où il venait et Mistral, qui croit au surnaturel, est persuadé que ce petit chien noir aura sur son existence quelque influence mystérieuse.

Après sa *Reine Jeanne*, qui sera représentée un jour au Théâtre-Antique d'Orange, Mistral n'a pas voulu partir pour l'Italie, où il va passer deux mois, sans mettre la dernière main à ses mémoires. Il veut bien nous lire le chapitre où il raconte les incidents dramatiques de la nuit de Noël, en 1793, à Maillane. Par faveur spéciale de son

chef, le grand-père qui était alors à Cerbère avait pu obtenir un congé de quelques jours et quitter l'armée des Pyrénées-Orientales. Considéré le lendemain comme déserteur à l'intérieur, il avait été traîné devant le comité de surveillance de Tarascon. Heureusement pour lui il était en règle, et il put regagner tranquillement son corps.

Il est extrêmement tard ; les bougies sont bien près de s'éteindre dans les bobèches, lorsqu'on se sépare, débarbouillés d'ambroisie. Néanmoins, dès la prime aube, Mistral frappe à notre porte : il a promis de venir à Saint-Rémy, et il veut tenir sa promesse. Aussi est-il le premier debout.

Promenade inoubliable sur cette route sacrée, bordée d'oliviers et de haies de cyprès, à travers ces plaines où campa l'armée de Marius, à travers les magnifiques jardins d'où les fleurs aux couleurs étincelantes nous embaument de leur enivrant parfum.

Assis près des Antiques, sous le ciel bleu, au pied des Alpilles, le regard perdu dans la direction d'Avignon, il nous soumet d'éloquentes réflexions, dont nous avons retrouvé plusieurs fois l'écho dans son journal l'*Aïoli*. Nous pardonnera-t-il de traduire aussi imparfaitement sa pensée ?

« Voici, nous dit-il, dans l'idiome harmonieux et sonore des ancêtres, deux monuments admirés de l'univers entier : l'Arc-de-Triomphe et le Mausolée que nuls autres n'égalent en élégance et en beauté, ni en France ni en Italie. M. Isidore Gilles, qui les a particulièrement étudiés, en attribue la construction à Jules César lui-même, qui aurait bâti l'Arc-de-Triomphe en souvenir de sa victoire sur Vercingétorix, et le Mausolée à la mémoire du vainqueur des Cimbres, son oncle Marius, ce qui concorde bien avec la tradition locale.

» Autour de ces Antiques, il suffit de regarder pour deviner l'existence d'une ville, embellie par l'Art à sa plus belle époque ; le nombre de médailles, de morceaux de marbre, de statuettes de bronze, de poteries et de débris antiques qui y a été recueilli est inimaginable. Je ne citerai d'autre exemple que celui du marquis de Lagoy, sous la Restauration : il n'eut qu'à se baisser pour prendre à fleur de terre une telle quantité de monnaie grecque et romaine que sa collection, d'abord vendue au duc de Luynes, transmise ensuite à la bibliothèque Mazarine, est estimée, comme valeur marchande, à une centaine de mille francs.

» Eh bien ! si l'on pratiquait ici des fouilles comme à Delphes, trente mille francs suffiraient pour mettre à jour les quatre temples signalés par M. Gilles, des monceaux d'objets précieux de toute sorte, cachés sous terre au temps des invasions sarrasines et que nos paysans, à Saint-Rémy et ailleurs, désignent de père en fils sous le nom de Chèvre-d'Or.

» Mais puisqu'aucune loi n'est édictée encore pour réserver à la Provence les objets d'art antique qu'elle recèle, peut-être vaut-il mieux, en attendant, laisser Glanum enseveli... Du moins, quand nous venons nous promener aux Antiques, avons-nous la joie de songer que nous marchons sur des frontons de temple, sur des colonnades ioniennes et doriques, sur des Vénus blanches enfouies dans les flancs de la terre, et que la Chèvre-d'Or est couchée à nos pieds. »

Ainsi s'exprimait le grand poète.

Mais Marius Girard, le chantre inspiré des Alpilles, nous attend à l'auberge du *Cheval blanc* : retournons à Saint-Remy.

La table est dressée sous la treille, et tandis que nous commençons à déguster quelques olives noires, les bouteilles de Cahors et de Chateauneuf à peine débouchées, trois jeunes filles timides et charmantes qui avaient reconnu l'immortel auteur de tant de chefs-d'œuvre, s'avancent avec des bouquets.

Nous eûmes aussi le nôtre ? Jamais nous n'avons mieux compris à quel point l'amitié d'un grand homme était vraiment un bienfait des dieux.

Mais il est grand temps de rentrer à Paris !

Allons, en passant, serrer encore la main au bon docteur Pamard et saluer, rue Saint-Agricol, Roumanille, attique et souriant comme Jean La Fontaine; après quoi, pour finir nous irons déjeuner aux Chênes-Verts, endroit au soleil, abrité du vent, où la cave est bonne.

Voici justement Mouzin et Félix Gras : Mouzin en train de rêver un pendant à son *Empereur d'Arles*, Gras qui oublie son *Romancero provençal* pour nous raconter la merveilleuse trouvaille faite par lui dans une vigne, d'un torse antique de Bacchus.

Va pour les Chênes-Verts ! Et si le mistral souffle trop fort en passant le Rhône, on aura toujours la ressource de se lester les poches de cailloux ?

Quel bon repos, quel fin repas à ce cabaret des Abrieu, où Gaton nous sert toujours souriante, toujours la même depuis quinze ans, avec le feu des sarments qui flambe, le soleil qui chauffe à travers les vitres et le vent qui, furieux d'être laissé dehors et, pour constater sa présence, secoue la porte à grands fracas et fait se courber éperdûment, au bord du fleuve, les hauts peupliers sans verdure.

Il faut que toute minute heureuse se nuance de mélancolie.

Nous parlons maintenant des convives disparus, de Théodore Aubanel, cet Henri Heine des pays du soleil, si ingénûment païen et catholique, qui fit la *Vénus d'Arles* et voulut être enterré en habit de pénitent blanc. Nous parlons aussi de Semenow mort à Paris le même jour, presque à la même heure que lui.

— Semenow, lui disait Daudet, je ne te comprends guère : tu es Cosaque, et tu viens t'établir en Provence pour y écrire en français des romans qui se passent en Italie.

Et Semenow riait ; ce qui ne l'empêchait pas de jeter sur le papier, entre deux voyages, le *Millionnaire sentimental*, œuvre de pénétrante ironie, où le Russe épris de la France s'amuse doucement et douloureusement à railler ses propres enthousiasmes.

Ici même, derrière le cabaret des Abrieu, Semenow, séduit par la beauté du paysage, avait acquis un rocher appelé le rocher de la *Justice*, où jadis les fourches patibulaires se dressaient, ce qui donnait du moins aux pendus cette satisfaction suprême de contempler, à leurs derniers moments, de quelques pieds plus haut que le commun des mortels, le plus admirable panorama qui soit au monde.

Semenow y bâtit un château et y dessina des jardins, s'inspirant, en artiste, du pittoresque naturel de l'endroit, respectant buissons et brins d'herbes, et surtout le célèbre groupe de chênes verts, harmonieux comme un bois sacré, que Rousseau et Corot peignirent.

Un jour — et nous terminerons par ce souvenir — un jour de janvier, le ciel aussi bleu, le soleil chauffant aussi fort, Semenow, avec un orgueil de propriétaire et de créateur, nous faisait visiter son domaine.

Nous supposions avoir tout vu.

— Maintenant, dit Semenow, on va vous montrer le plus rare !

Derrière la maison, dans un angle où le soleil ne donnait pas, un peu de neige restait sous une couche de paille et de feuilles mortes.

— Il en est tombé une fois ; je la conserve ainsi depuis quinze jours !

Une larme brilla dans ses yeux gris d'acier. Malgré son grand amour récent de la lumière et du soleil, Semenow, lui aussi, félibre à sa manière, s'attendrissait à cette vision de la patrie.

TABLE DES MATIÈRES

	Pages
Préface par Anatole France.	
Agen	23
Fêtes littéraires du Midi	33
Montauban	45
Auch	57
Tarbes	69
Bagnères — Argelès — Saint-Savin — Luz — Saint-Sauveur — Gavarnie	79
Pau — Oloron	87
Saint-Sébastien	97
Le taureau de feu	109
Emilio Castelar	117
Gambetta à Saint-Sébastien	129
Au pays du fer	143
Les haricots de Pamiers	155
La Saint-Amour	165
Courses provençales	175
Les Juifs d'Avignon	183
Le Centenaire de Pétrarque	193
La Vénus d'Arles	207
Arles	217
En Camargue	231
Sisteron	241
En Dauphiné	257
Maillane	267

16.

INDEX ICONOGRAPHIQUE

Anatole France VII
Vénus d'Arles XII
Vénus d'Agen XVII
Vénus d'Agen 22
Rue d'Agen 24
Orléans 24
Châteauroux 25
Limoges 25
L'Ermitage 27
Cortète de Prades, par le sculpteur Amy 28
Florian (eau-forte d'Alfred Johannot, d'après Desenne) . 29
Bladé 30
Statue de Jasmin 30
Maison de Jasmin 31
Tombeau de Florian (eau-forte de Queverdo) 31
Fêtes de la Cigale (dessin du Monde Illustré, par Maurou) . 32
(1. Henry Fouquier. — 2. Henri de Bornier. — 3. Adolphe Michel. — 4. Eugène Baudouin. — 5. Adrien Didier. — 6. Albert Tournier. — 7. Jules Gaillard. — 8. Maurice Faure. — 9. Joseph Gayda. — 10. Elie Fourès. — 11. Paul Maurou. — 12. Paul Ferrier. — 13. Paul Arène. — 14. Basset. — 15. Caristie Martel. — 16. Jules Uzès. — 17. Amy. — 18. Mounet-Sully. — 29. Léon (Laurent). — 20. Boudouresque. — 21. Sextius Michel. — 22. Léon Glaize. — 23. Victor d'Auriac. — 24. Constantin Roche.

A. Au Théâtre d'Orange. — B. Buste de Soleillet (Amy, sculpt). — C. Médaille de la Société des Félibres (Péter, sculpt.) — D. Buste de la comtesse de Die (Mme Clovis Hugues, sculpt.).

La Ste-Estelle en Avignon . . 34
Aubanel 36
Monselet 36
Cernuschi, par Bonnat . . . 36
Ruiz Zorilla 36
Louis Roumieux 37
Rabelais, par le sculpteur François Truphème 37
Porte de Die 37
Théâtre d'Orange 38
Arc de Triomphe d'Orange . 38
Pont du Gard 38
Mlle Léa-Caristie Martel . . 39
Château de Cortète de Prades . 39
Comtesse de Die, par Mme Clovis Hugues 40
Jasmin 40
Félix Gras 43
Fêtes à Sceaux 44

Le *Miracle des roses*, par Ingres	46
Ingres, par lui-même	48
Lasserre, député	49
Léon Cladel	49
Pont de Montauban	51
Place Nationale	52
Eglise St-Jacques	53
Ste-Germaine, d'Ingres	54
Maison d'Ingres	55
Cathédrale de Montauban	56
Henry Fouquier	59
Sextius Michel	60
Barracand	60
Saluste du Bartas, par Victor Maziès	62
Maurice Faure	63
Georges Niel	63
Clovis Hugues	66
Général Bordone	67
Garibaldi, pape à Palerme (dessin du général Bordone)	68
Théophile Gautier, par Mme Judith Gautier et Henri Bouillon	72
Menu de Tarbes	74
Charles Maurras	75
Sabail	75
Femme des Pyrénées	76
id.	76
Armand Silvestre	76
Orphéon pyrénéen	78
Hautes-Pyrénées	80
La mère aux ânes (Bagnères-de-Bigorre)	82
Lourdes	83
Calvinhac	85
Le tarascaire Duchier	85
Pont de Betharan	86
Château de Pau	88
Auguste Comte	89
Pierre Laffitte	89
Paul Arène, par Clément	90
La reine Jeanne, bas-relief du tombeau du roi Robert, à Naples	91
Basses-Pyrénées	93
Louis Barthou	94
Xavier Navarrot, par Escoula	95
Pont de St-Sauveur	96
Gavarnie	98
Arènes de St-Sébastien	100
Vue de St-Sébastien	101
Toréador	103
Ensenat	103
Course de taureaux	104
id.	105
id.	106
Toréador	108
Toro de fuego, dessin de Sahib	110
Fontarabie	112
Place de la Constitution	114
Eglise de St-Sébastien	115
Rue de Fontarabie	118
L'Ile Ste-Claire	120
Emilio Castelar	121
Espagnoles, par Falguière	122
Le chancelier Jacques Gardet	123
Muletier espagnol, par Falguière	124
Porte de Fontarabie	126
Hendaye et la *Bidassoa*	128
Léon Gambetta	132
Casino de St-Sébastien	133
Jules Simon, par Jean Gigoux	135
Plage de St-Sébastien	137
Vue de St-Sébastien	139
Figaro, par Courtois	141
La Cigale, par Ferdinandus	142
Cigale	145
Clocher de l'église Ste-Marie	145

INDEX ICONOGRAPHIQUE

Albert Tournier 146
Notre-Dame-du-Camp, à
   Pamiers. 146
Château de Foix. 147
Silhouette des tours de Foix,
   par Benjamin Constant . . . 147
Tarascon-sur-Ariège 148
Rue de Pamiers 149
Montségur 150
Pierre Bayle. 151
Sortie de la grotte du Mas-
   d'Azil 152
Entrée de la grotte. 153
Farandole, par R. Isnard. . . 154
Le Cassoulet, dessin de Fal-
   guière et Mercié, tiré du
   Cassolet d'Auguste Fourès,
   de Castelnaudary. 156
Vue de Pamiers. 158
Falguière, par A. Calbet . . 159
Les Tours de Foix, par Harding 160
Clocher de Mirepoix. . . . 162
Prosper Marius, par Bastien
   Lepage. 163
Avignonnaises, par Pierre Gri-
   volas. 164
Le Bastisdon de Rigaud d'Aix. 166
La procession des pénitents
   blancs, par Pierre Grivolas. 169
Place de Saint-Giniez. . . . 171
Maison carrée de Nîmes . . 173
Montmajor 174
La fontaine de Vaucluse (eau
   forte de Boisleau). 176
La Chartreuse de Villeneuve. 178
Jules Chapon 179
Porte du palais des légats,
   à Villeneuve. 181
Tarasque, par Amy. 182
Avignon 184

Mounet-Sully, par Chartran . 186
Cloître de Montmajor . . . 187
Pont St-Benezet 188
Les Baux 189
Pont du Gard. 191
Fontaine de Vaucluse . . . 192
Tour de Philippe-le-Bel, par
   Paul Saïn. 194
Charles Toché, par lui-même 196
Les Baux 197
Clocher de St-Trophime . . 198
Roumanille 199
Fondateurs du félibrige, par
   B. Laurens. 200
Cloître de St-Trophime. . . 202
Frédéric Mistral 205
Farandole, par Antoine Grivolas 206
Chevaux camarguais 208
Gafeton d'Arles 211
Musée d'Arles. 213
Noce villageoise 215
Musée d'Arles. 216
Ferradeur de Camargue. . . 218
Arles, par Jeanne Charcot. . 219
Bateau sur le Rhône, par Jean
   Charcot. 220
Le figuier du théâtre d'Arles,
   par le professeur Charcot . 221
Théâtre d'Arles, par le pro-
   fesseur Charcot 222
Les Alyscamps, par le profes-
   seur Charcot 223
Les Alyscamps, par le profes-
   seur Charcot 223
Arlésienne 224
Les Alyscamps 225
Cloître St-Trophime 226
Portail de St-Trophime . . . 227
Le professeur Charcot. . . 228
Porte de Villeneuve 229

Pont de Beaucaire	230
Chevaux camarguais	232
Eglise des Saintes-Maries	234
Cabane de gardian en Camargue, par le professeur Charcot	235
La Tour St-Louis, par le professeur Charcot	237
Eglise des Saintes-Maries (intérieur)	239
Sisteron	242
Rocher de Sisteron	244
Le faubourg de la Baume	245
La route du Dauphiné	246
Porte de Sisteron	247
La tour de l'Horloge	250
Clocher de la Reine Jeanne	252
Au bastidon des Oulettes	254
Vue de Crest	256
Francis Silvestre	258
Une rue de Saou	259
Château d'Eure	260
Valence	261
Adrien Didier et Jules Silvestre	262
Château de Montluisant	263
Le Pertuis	265
Bergère des Alpes, par Adrien Didier, d'après Hébert	266
La maison de Mistral	268
Frédéric Mistral, médaillon par Amy	269
Jean Bayol	270
Marius Girard	271
Raoul Gineste	272
Château de Tarascon	274
La Tarasque	276
Panetière provençale	277
Pétrin provençal	277
Semenow	278
Enfarinadou provençal	279
Provençale, composition d'Eugène Rélin	280
Boite à sel provençale	281
Saint-Jean-de-Luz, par Anatole Lionnet	282
Caleil	286

Le texte et les illustrations

de cet ouvrage

ont été entièrement imprimés

par la

Glyptographie Silvestre

50 exemplaires numérotés ont été tirés

sur papier Japon

EN VENTE A LA MÊME LIBRAIRIE

PUBLICATIONS RÉCENTES

ARÈNE (PAUL)
Les nouveaux contes de Noël. — (collection à 60 centimes)....
La Chèvre d'or. — Un volume in-18 illustré.................. 3 50

BORDONE (GÉNÉRAL)
Garibaldi (Portrait et Autographe). — Un volume in-18........ 3 50

COURTELINE (GEORGES)
Potiron. Couverture illustrée de Steinlen. — Un volume in-18.. 3 50

DAUDET (ALPHONSE)
Port-Tarascon. Derniers exploits de l'illustre Tartarin. — Un volume in-18 illustré, de la collection Guillaume............... 3 50
L'Obstacle. Pièce en 4 actes. — Un vol. ill., de la col. Guillaume 3 50

DAUDET (ERNEST)
Fils d'Émigré. — Un volume in-18........................... 3 50
Le Gendarme excommunié. — Un volume in-18................ 3 50

ÉMÉRIC (LE COMTE)
Problèmes de Sentiment. *Avec une lettre de A. Dumas fils.*
Illustrations de Tiret-Bognet. — Un volume in-18............. 3 50

FLAMMARION (CAMILLE)
Uranie. — Un volume in-18 illustré (Collection Guillaume).... 3 50

HUGUES LE ROUX
Au Sahara. Ill. d'après des photog. de l'Auteur. — Un vol. in-18 3 50

HYACINTHE LOYSON
Ni Cléricaux, ni Athées. — Un vol. in-18..................... 3 50

MAEL (PIERRE)
Amours simples (roman). — Un vol. in-18.................... 3 50

J. MICHELET
Rome. — Un vol. in-18...................................... 3 50

PRADELS (OCTAVE)
Les desserts Gaulois. Illustrations de Fraipont. — Un vol. in-18. 3 50
Robert Daniel. Roman. Un volume in-18..................... 3 50

ROGER MILÈS
Les Heures d'une Parisienne. — Un volume in-18............. 3 50

SACHER MASOCH
La Sirène. Roman de mœurs russes. — Un volume in-18....... 3 50

SIMON (JULES)
Mémoires des Autres. Illust. de Noël Saunier. — Un vol. in-18. 3 50

TOLSTOÏ (LÉON)
Pamphile et Julius. — Un volume in-18...................... 3 50
De la vie. — Un vol. in-18.................................. 3 50
Le Travail. — Un volume in-18.............................. 3 50

XANROF
Pochards et Pochades. — Un volume in-18 illustré............ 3 50

ZOLA (ÉMILE)
La Faute de l'abbé Mouret. Collection Guillaume illustrée. —
Un volume in-18.. 3 50

Paris. — Imp. Silvestre et Cie, 97, rue Oberkampf.

www.ingramcontent.com/pod-product-compliance
Lightning Source LLC
Chambersburg PA
CBHW062014180426
43200CB00029B/698